Pimmel Popo:
Die sehr unnötige Übersetzung

ALIENRedWOLf

Pimmel Popo: Die sehr unnötige Übersetzung
© 2016 von BlankSpace Publications.

Ursprüngliche Veröffentlichung auf Englisch: Willy Bum Bum: The Completely Unnecessary Book
© 2015, 2025 von BlankSpace Publications.
London, Ontario, Kanada.
Alle Rechte vorbehalten.

Herausgegeben von J. Douglas und P. Casey. Bilder und Designs von Daniel Fowler. Übersetzt von Patrick Casey, mit Unterstützung von Jeff Lapalme. Kein Teil dieses Buches darf ohne schriftliche Genehmigung kopiert werden. Alle Charaktere und Ereignisse in diesem Buch sind fiktiv. Die Ereignisse in diesem Buch sind satirisch, und in keiner Weise sollte in der Öffentlichkeit nachgeahmt werden. Setzen Sie keine Pflaumen, Wespen und Flaschen Schnaps in Ihren Anus.

ISBN (Deutsche Übersetzung): 978-0-9938111-5-9

Erste deutsche Ausgabe, November 2016.

BlankSpace Publications
www.blankspacep.com
www.facebook.com/BlankSpacePublications

Library and Archives Canada Cataloguing in Publication (English Edition)

Alien Red Wolf, author
    Willy Bum Bum : the completely unnecessary book / by
esteemed author, Alien Red Wolf.

Based on a viral YouTube video.

    1. Human body--Juvenile humor. I. Title.

PN6231.H765A45 2015   j828'.9202   C2015-903240-7

BlankSpacep.com

präsentiert...

Pimmel Popo:
Die sehr unnötige Übersetzung

Ich hab' 'nen kleinen Pimmel,

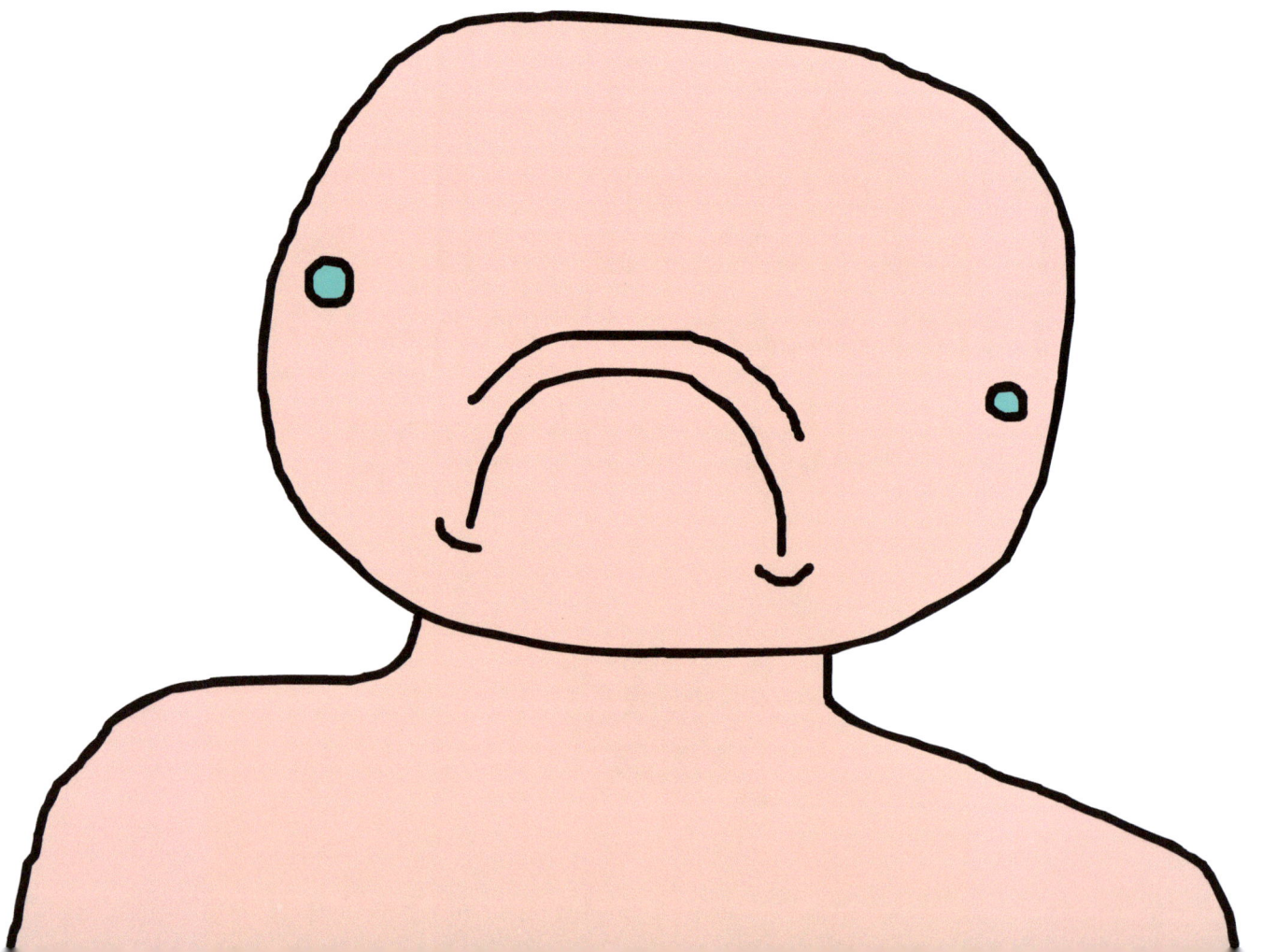

Ich steck' es in mein Po.

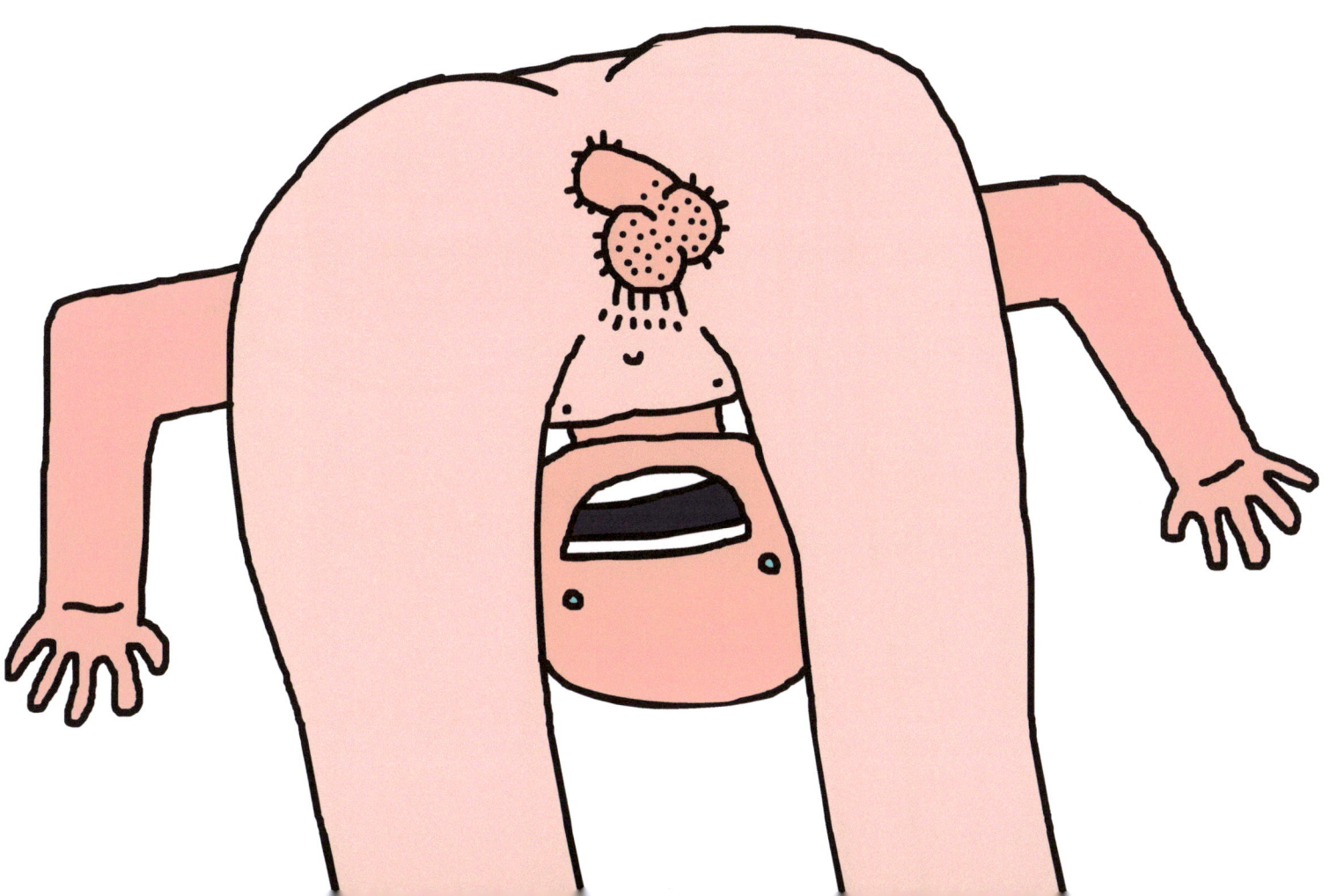

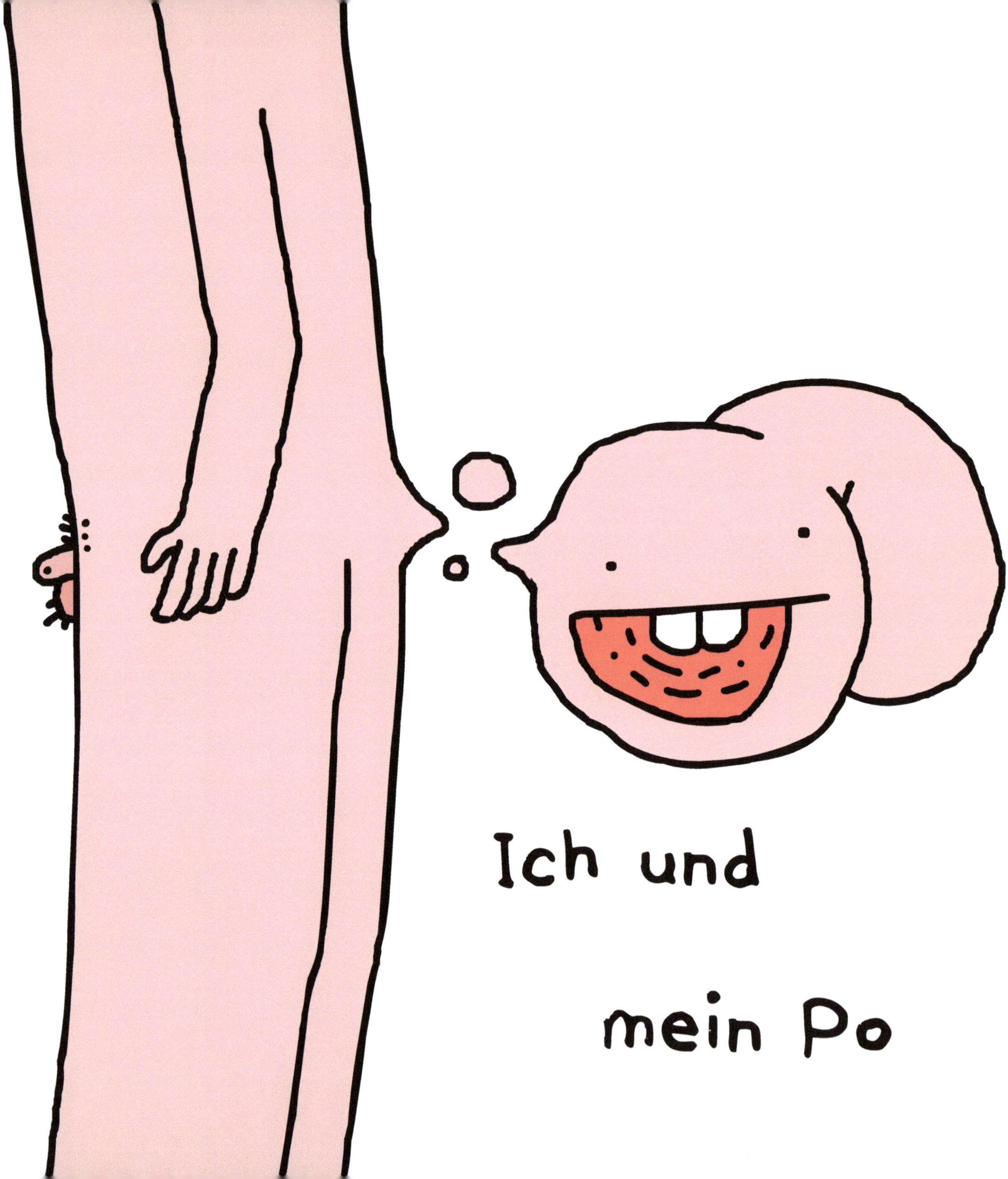

Ich und mein Po

wir machen vielen Spaß.

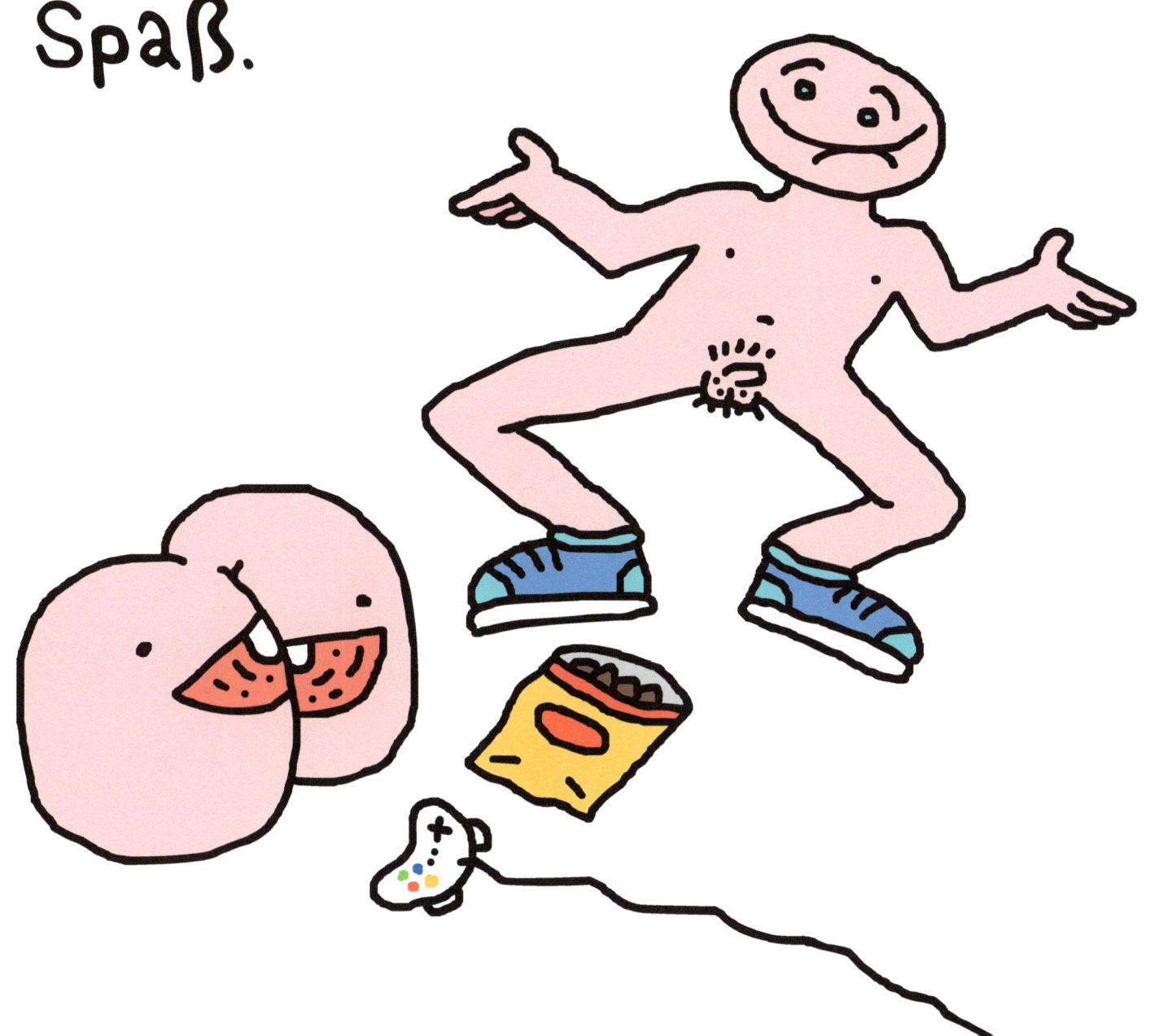

Pimmelchen und ich sind enge Freunde, nicht doch?

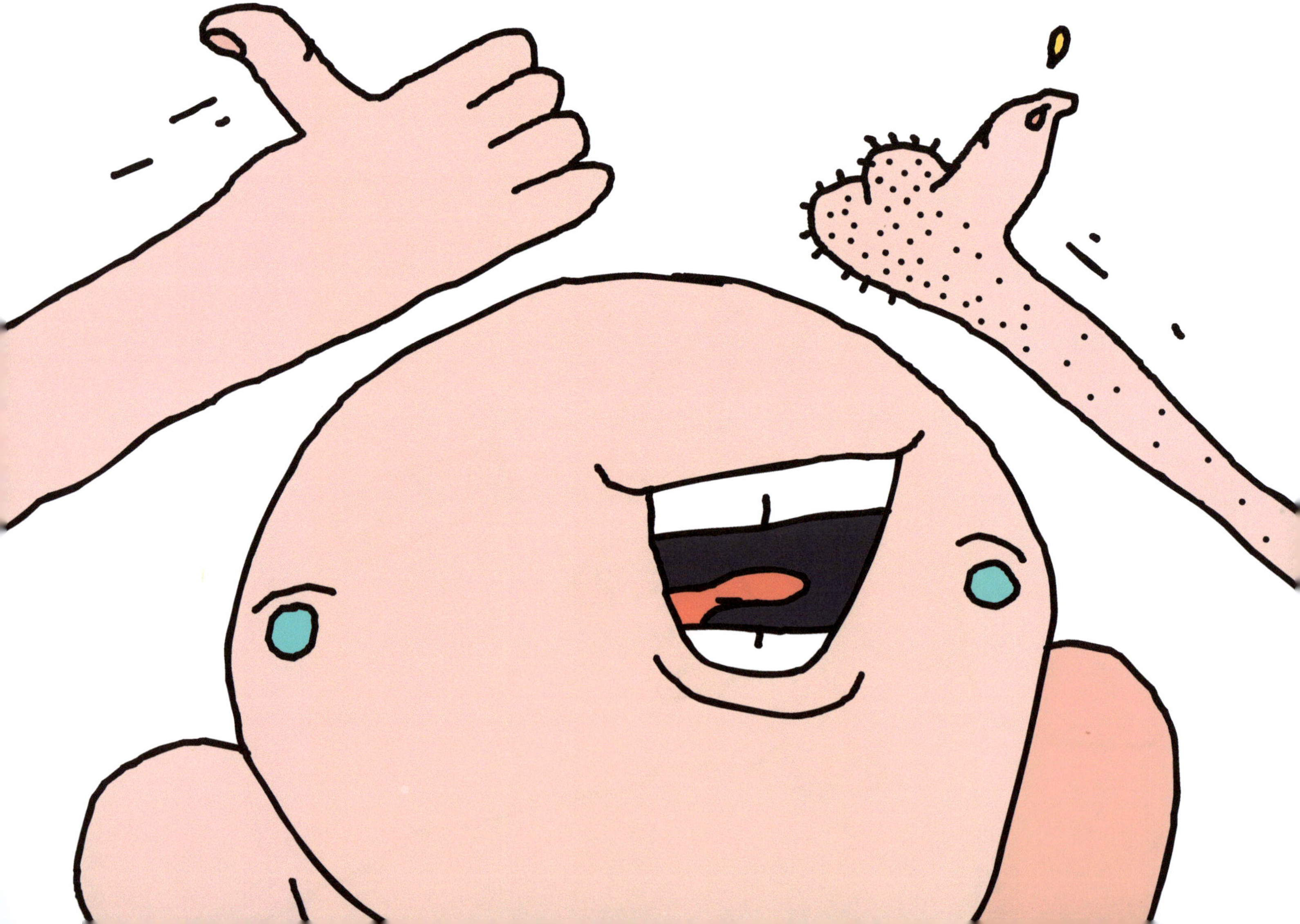

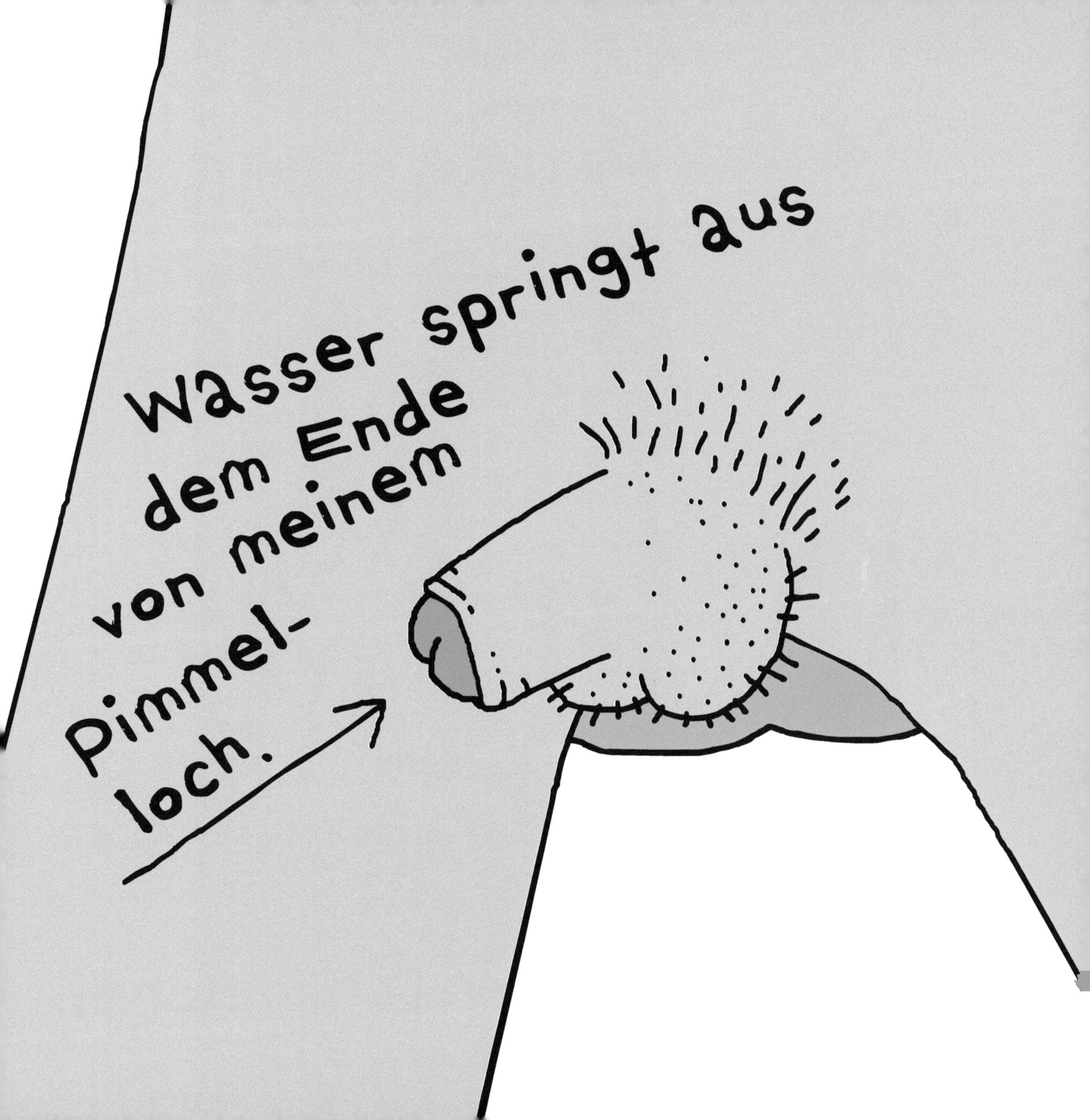
Wasser springt aus
dem Ende
von meinem
Pimmel-
loch.

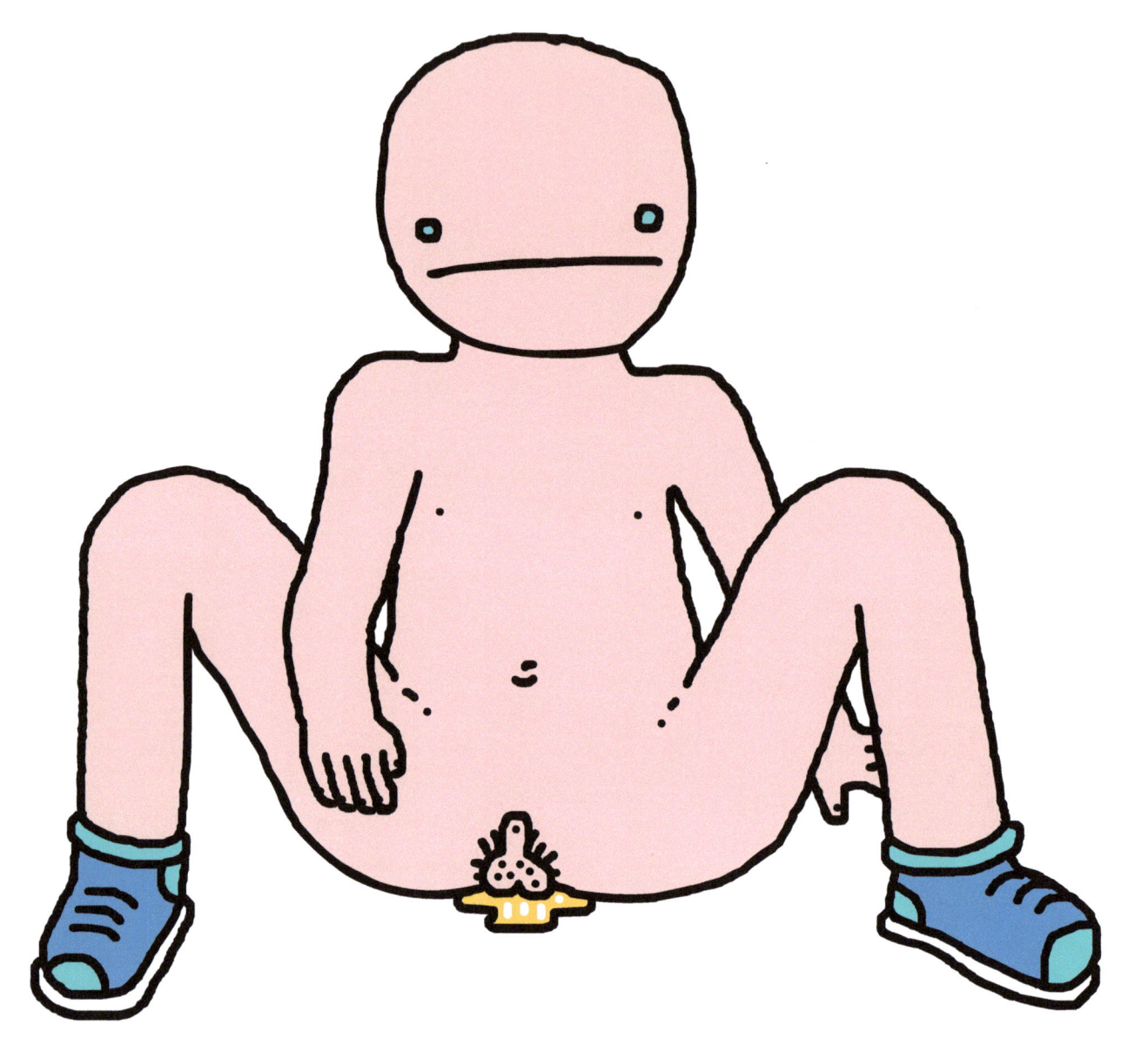

Ach! Du albernes Pimmelchen,

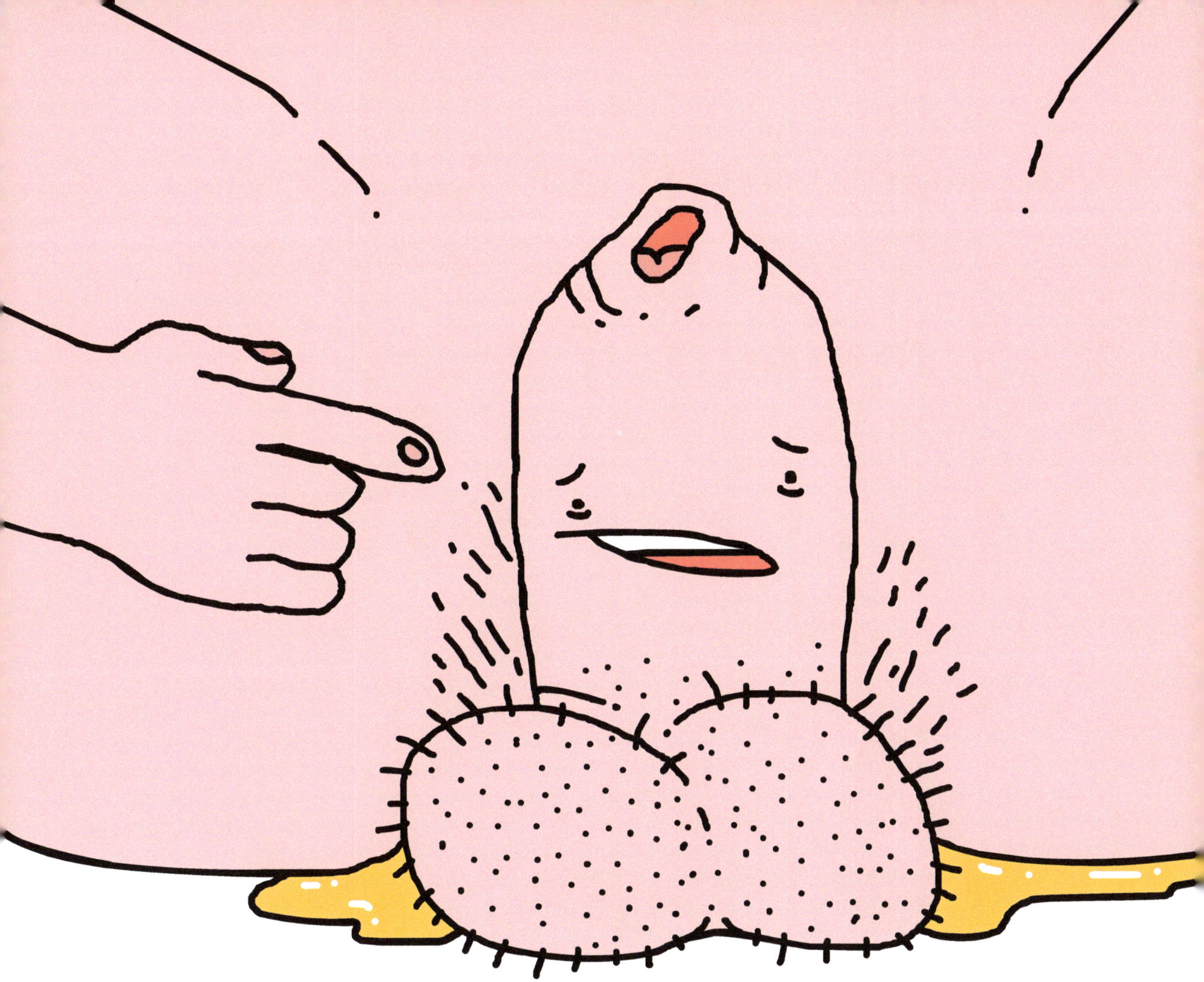

Was hast du da gemacht!

Warum gibt es Wasser auf meinem freundlichen alten Po?

Pimmelchen ist lächerlich und auch ein bisschen dumm

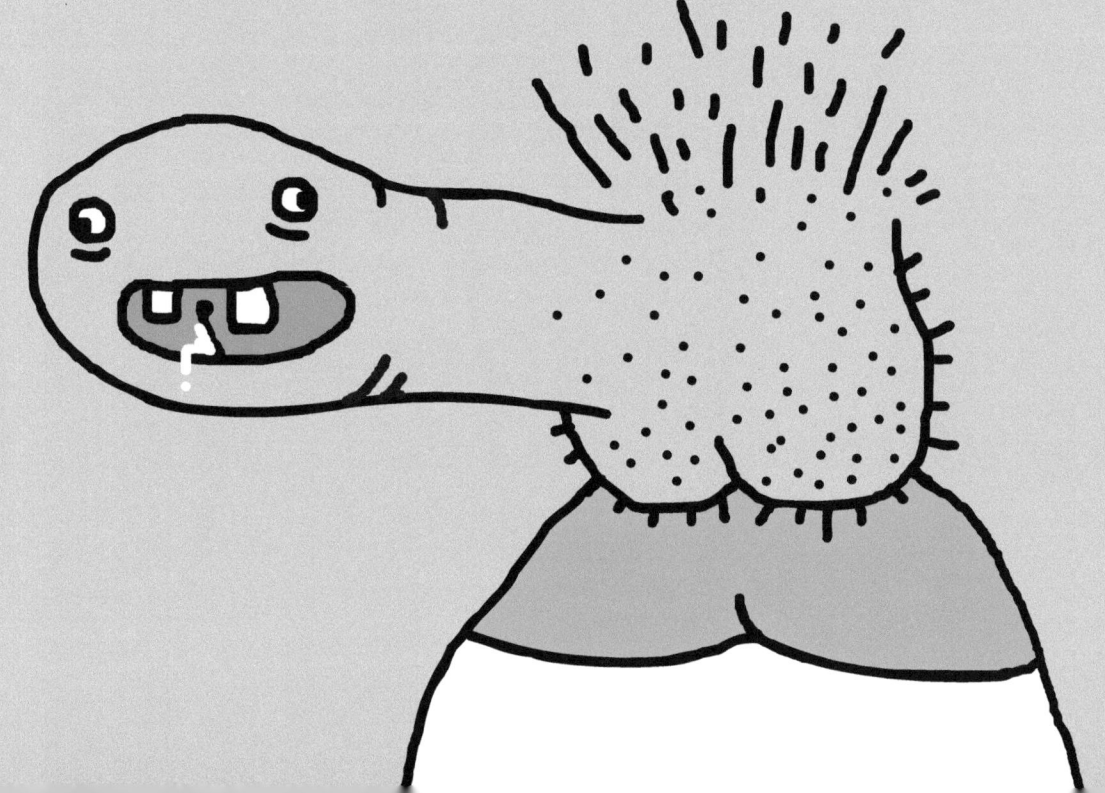

und

mein

Po

frisst

Pflaumen

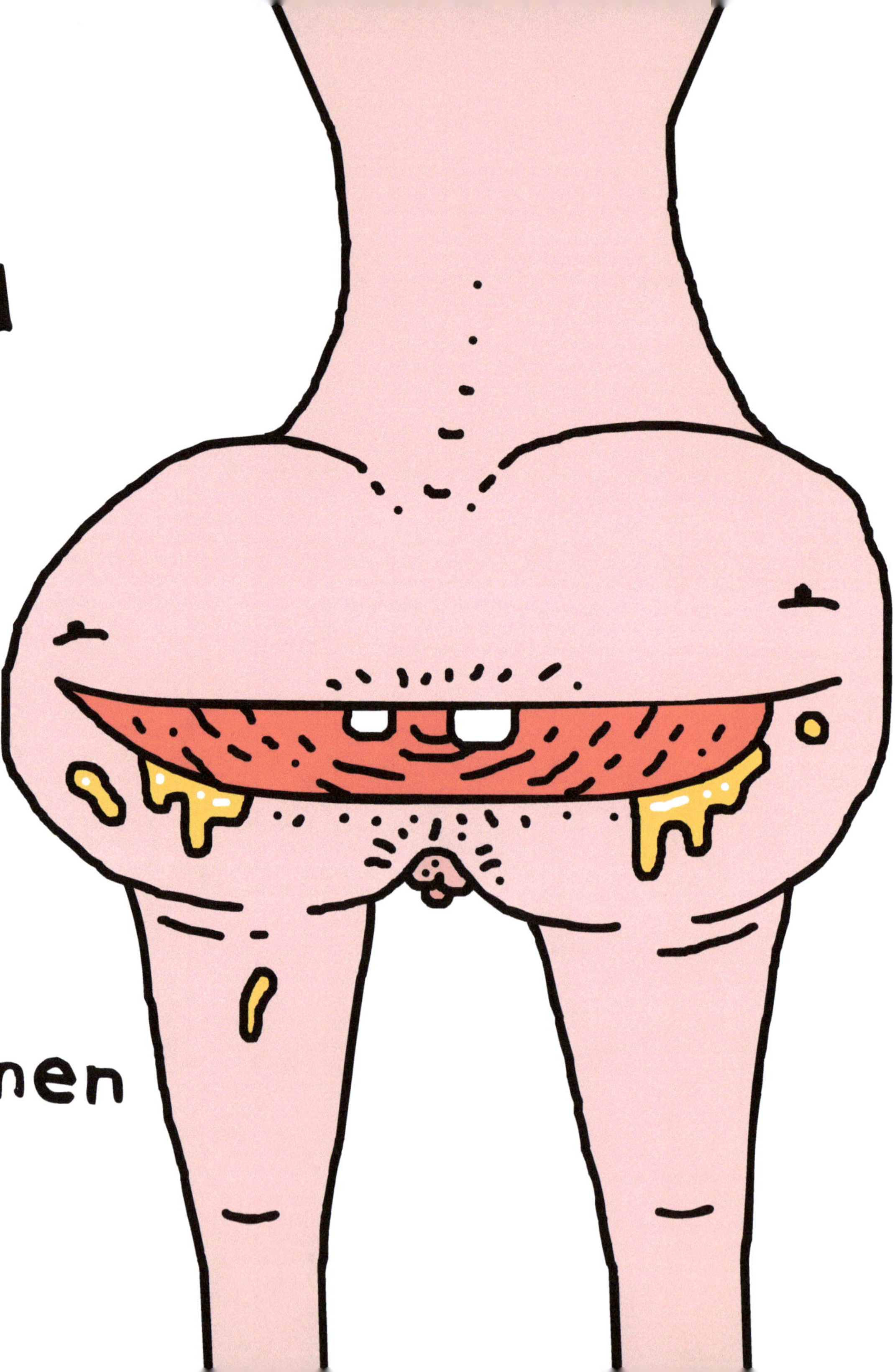

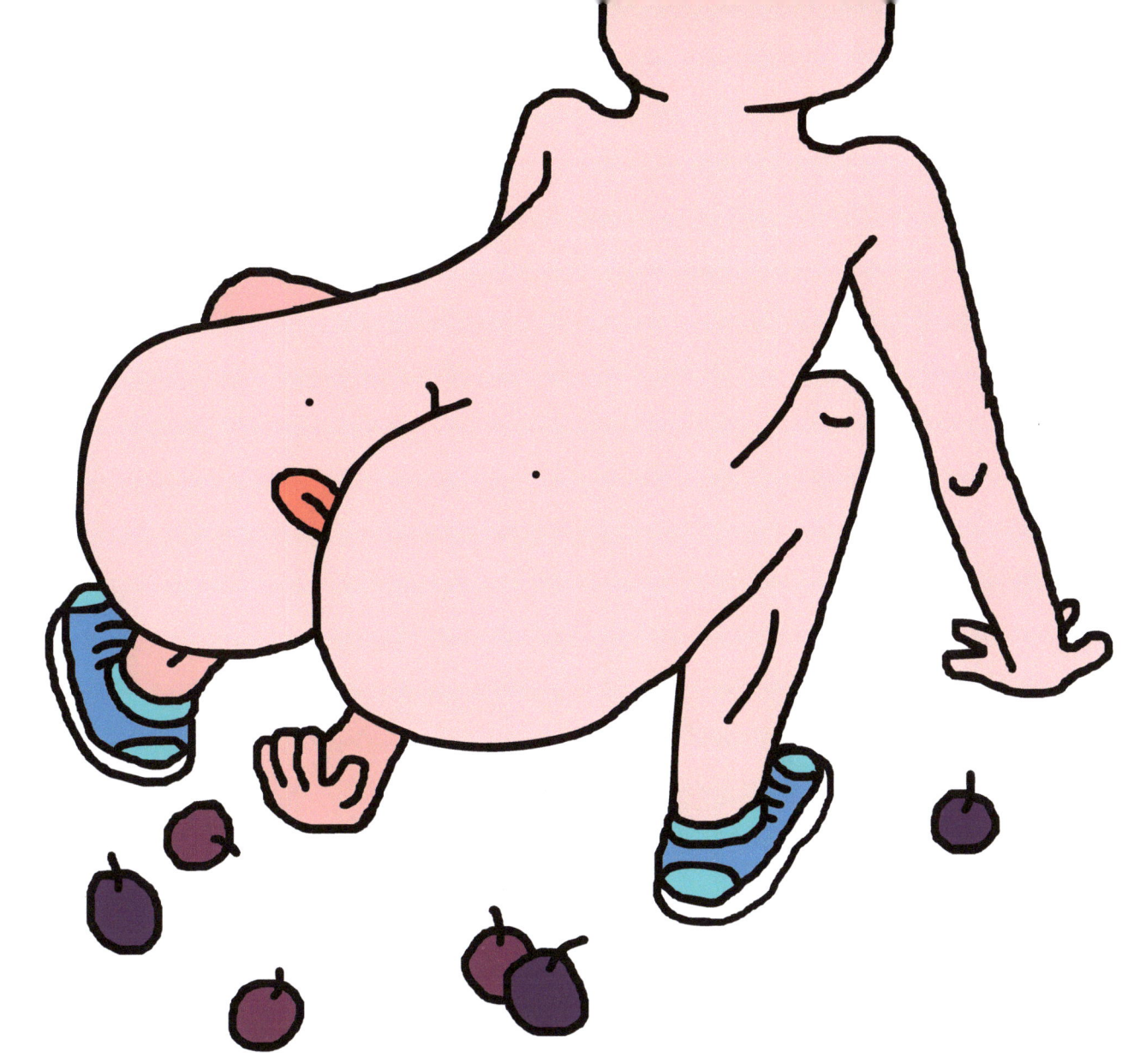

weil 'ne Pflaume lecker schmeckt!

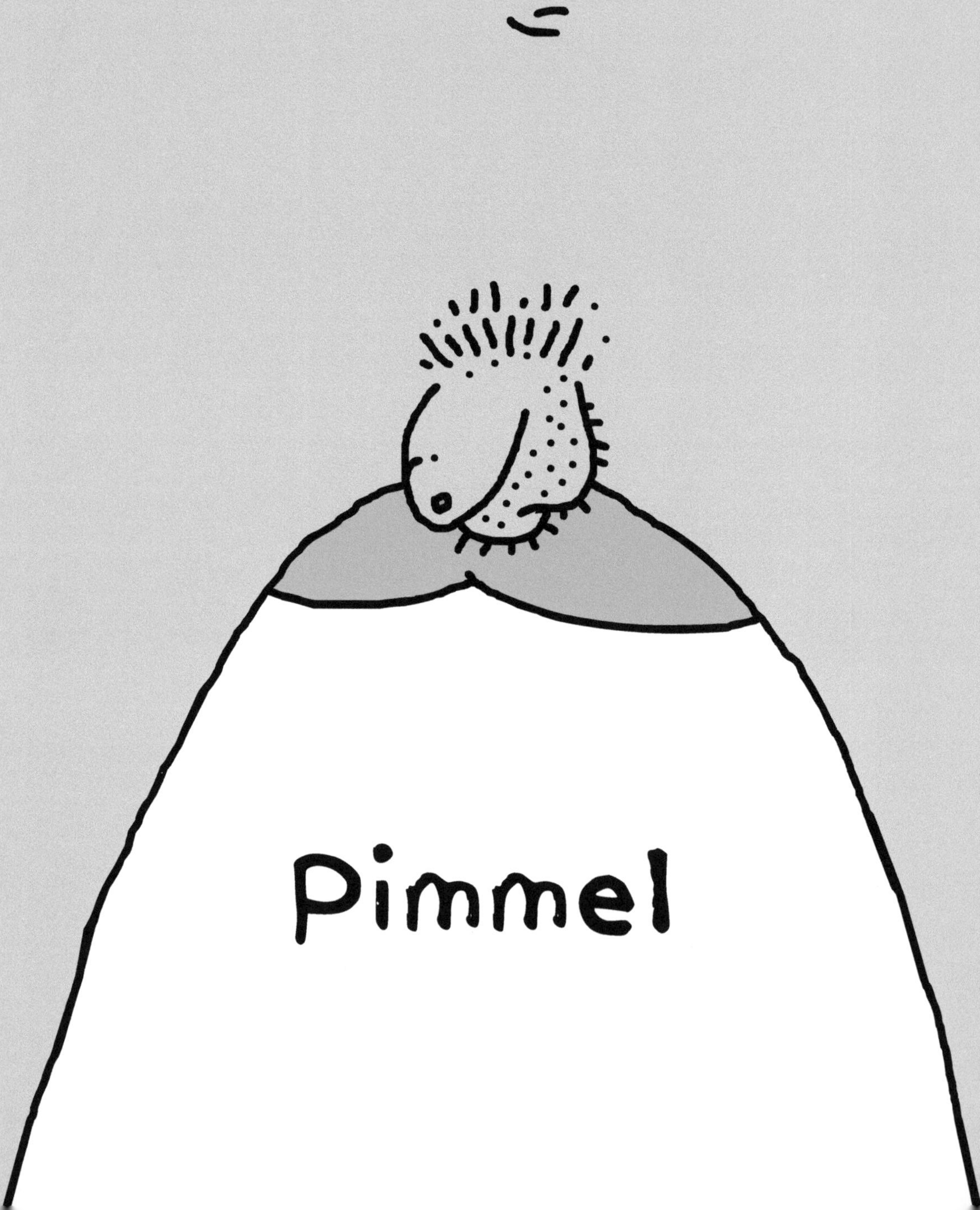
Pimmel

Po Po Po Po.

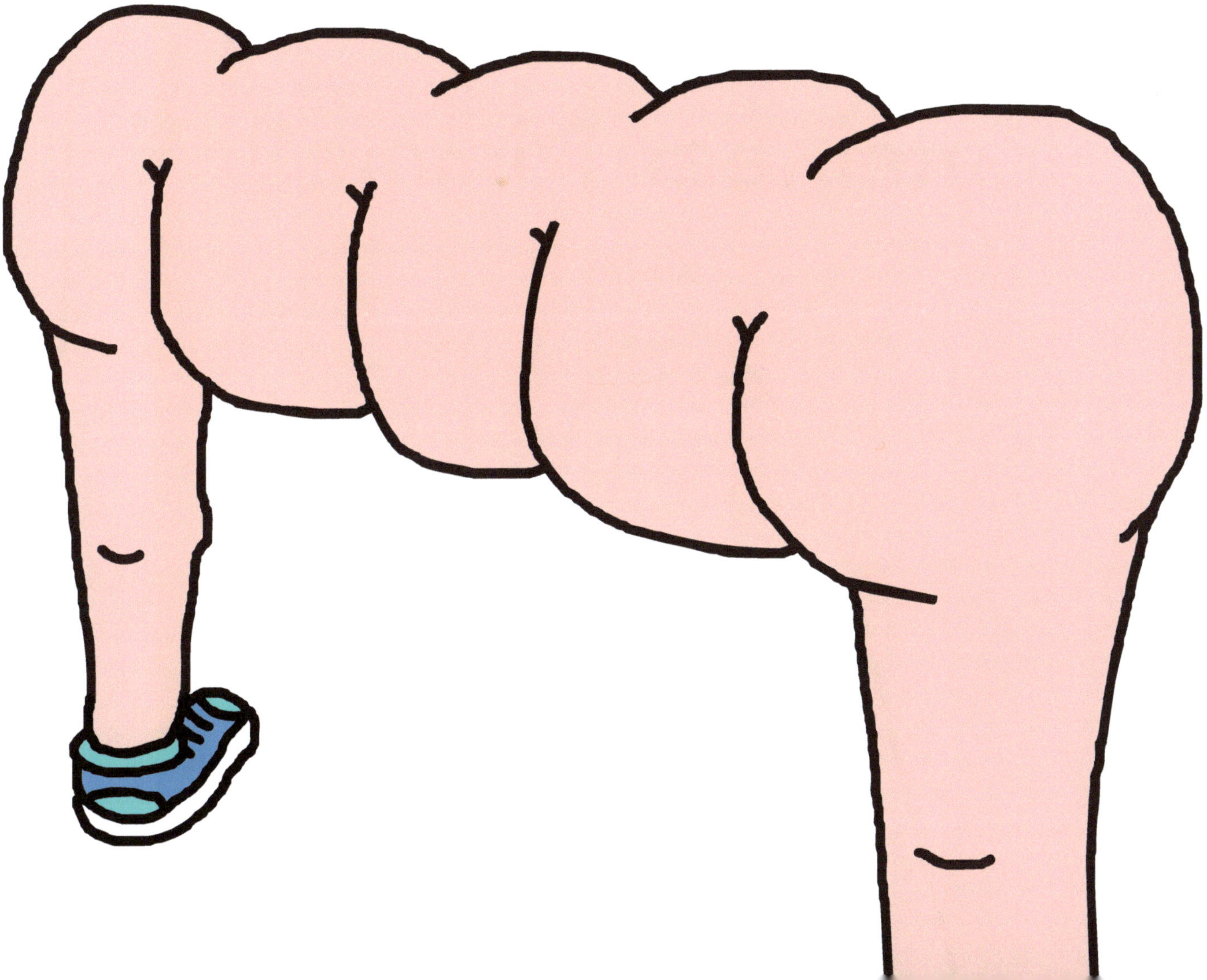

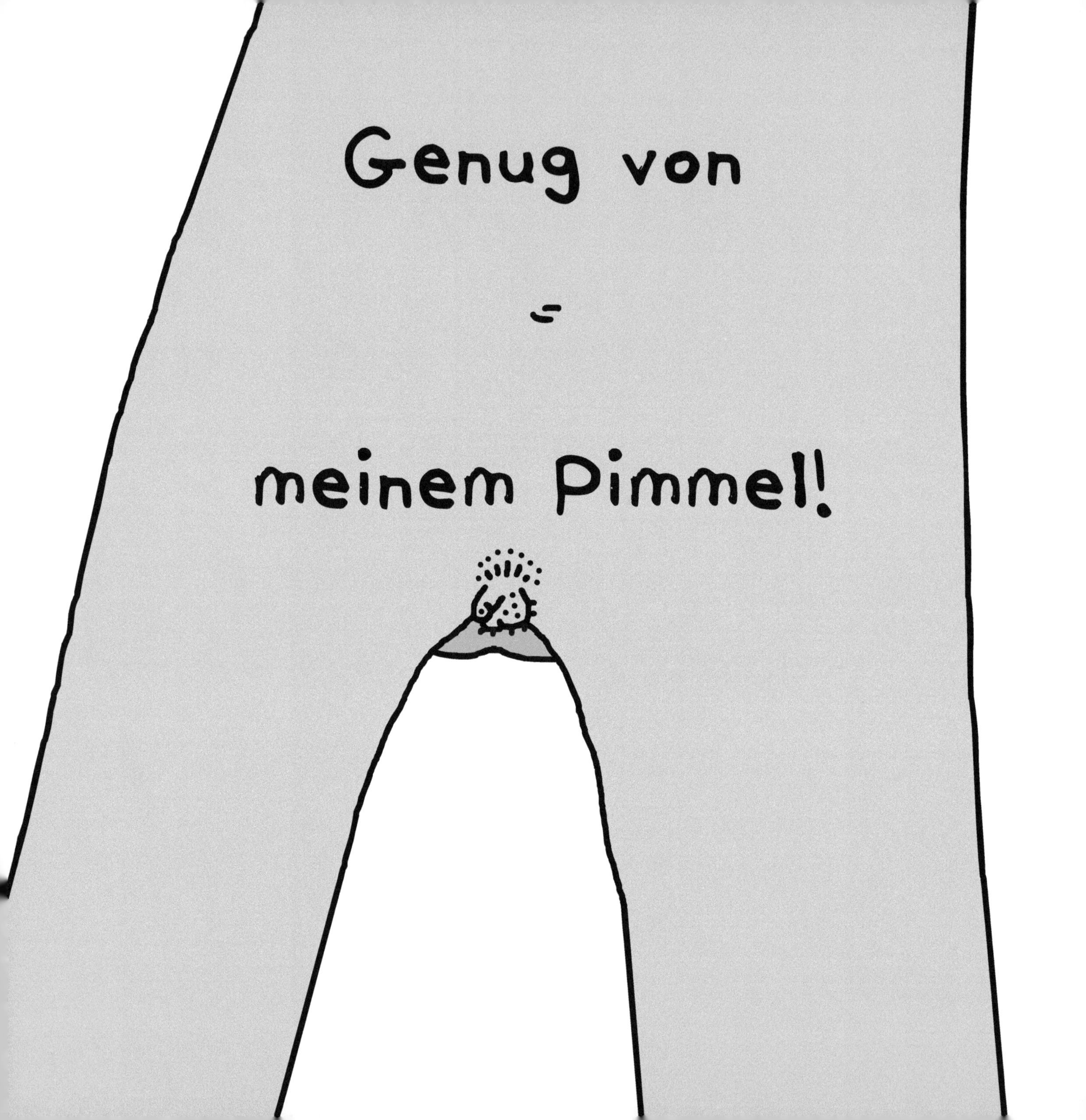
Genug von
meinem Pimmel!

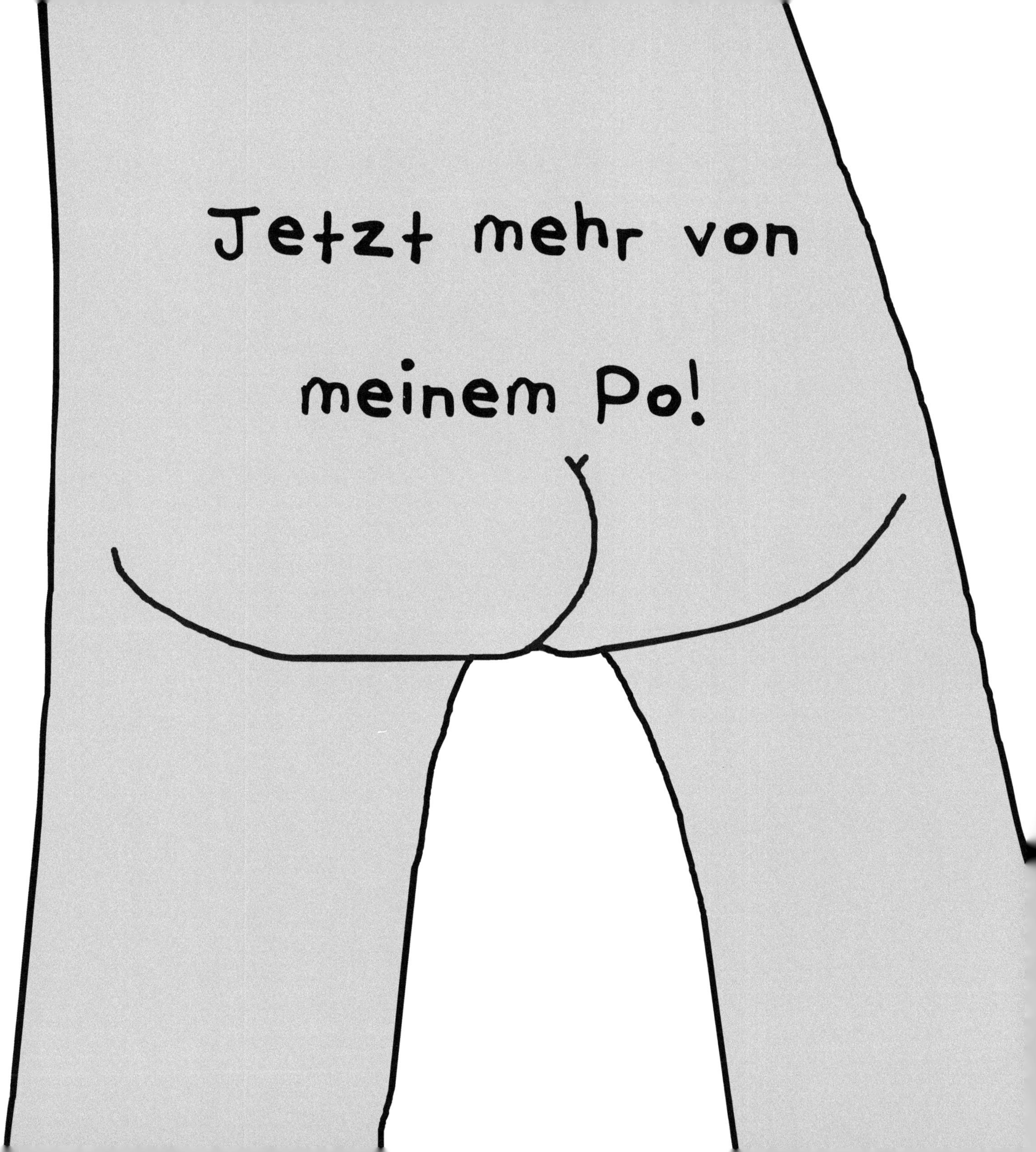
Jetzt mehr von
meinem Po!

Ich kann meinen

freundlichen alten

Daumen

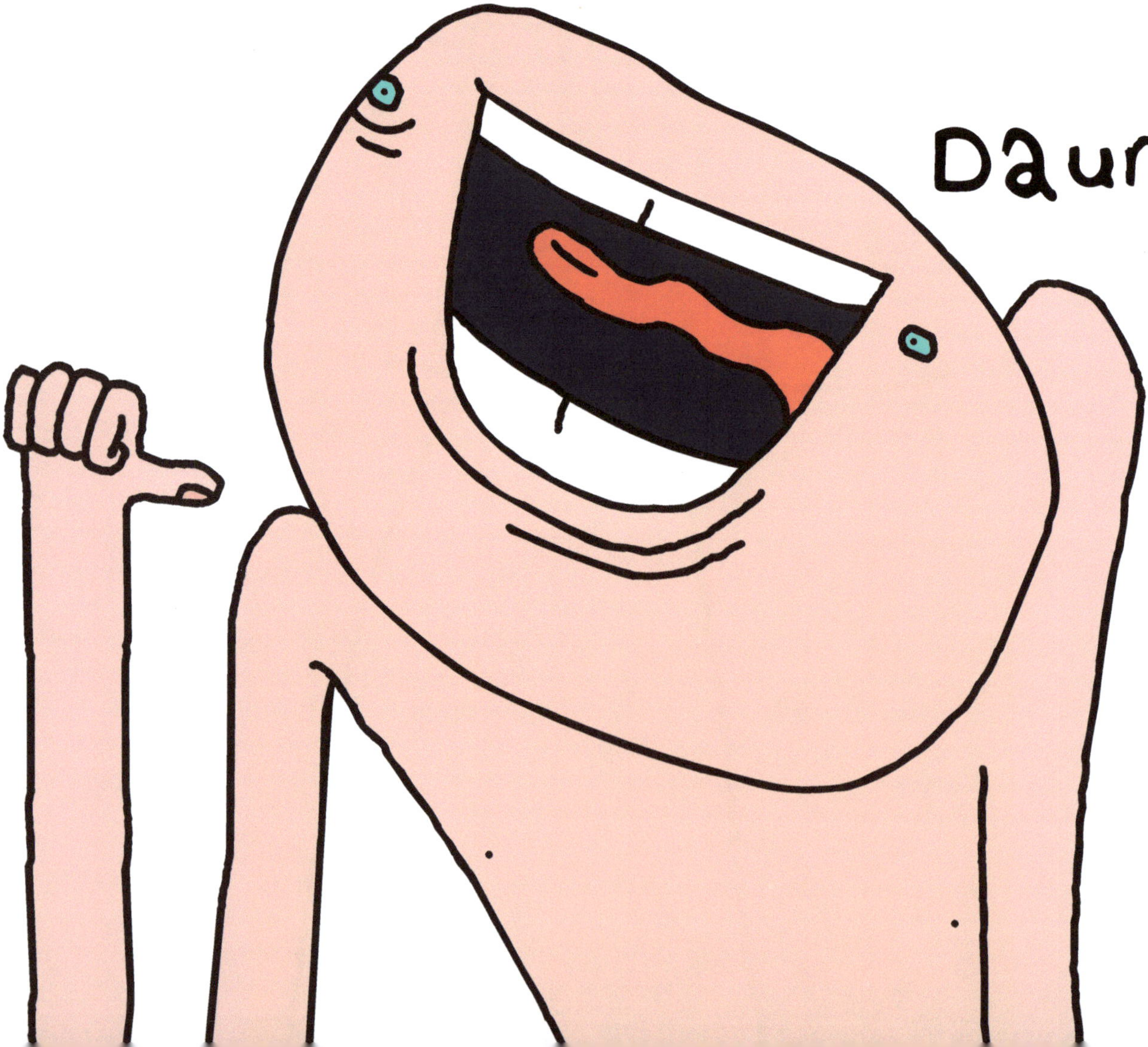

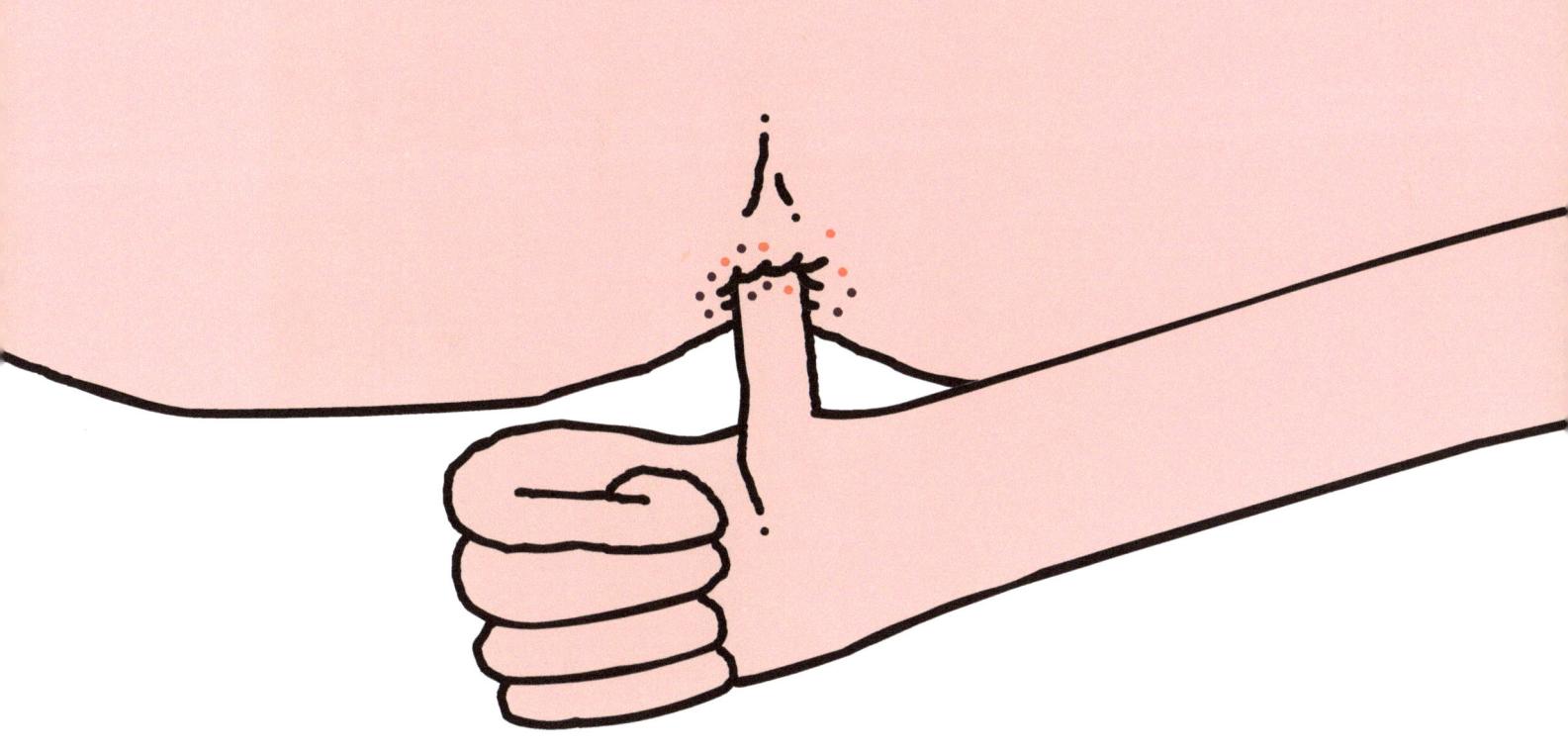

in mein Po stecken,

wenn ich 'nen kleinen

Pups mach'.

Luft pusst

raus

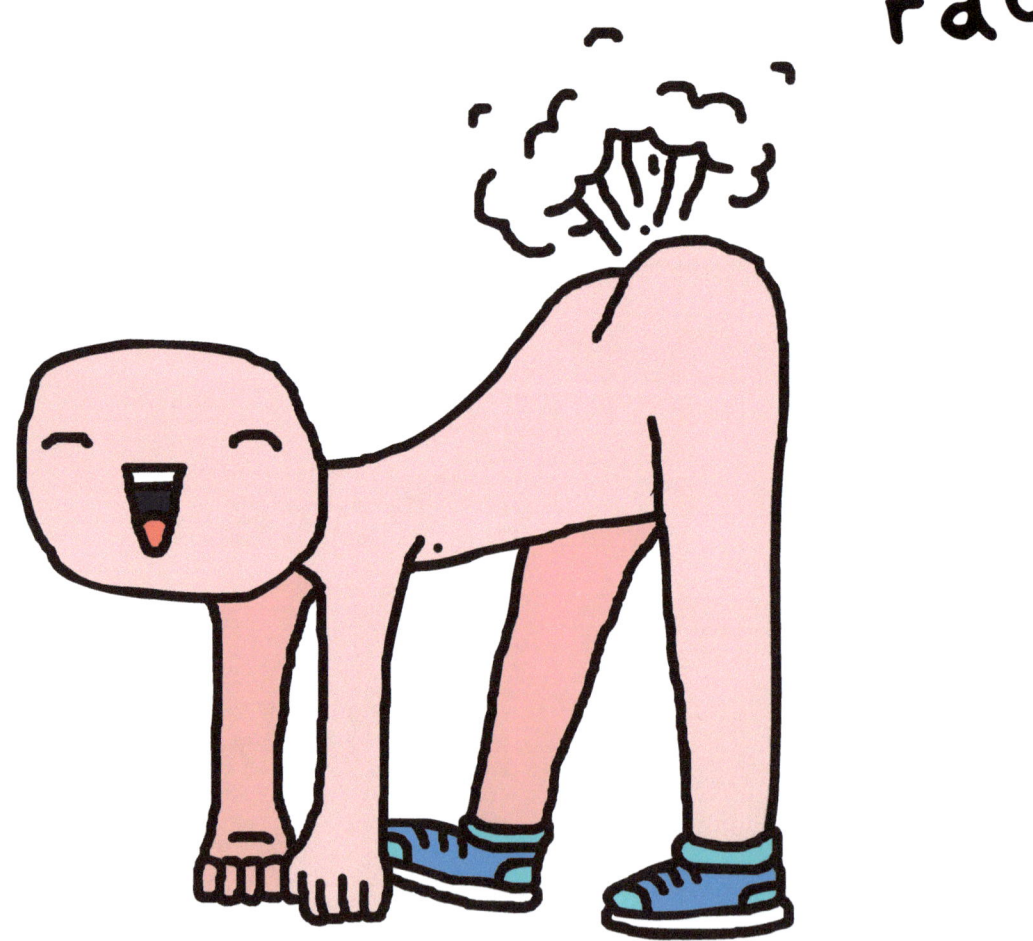

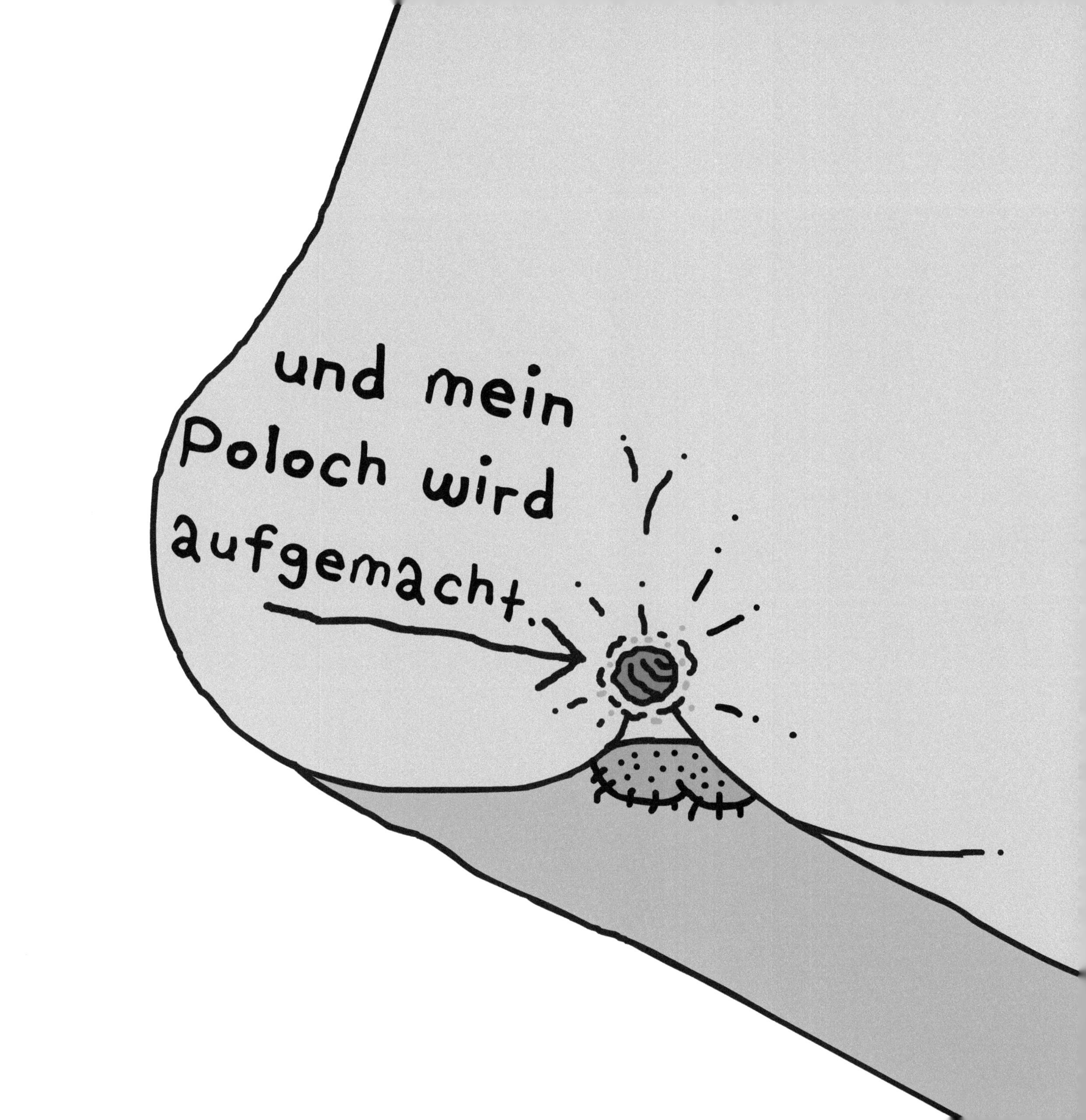
und mein
Poloch wird
aufgemacht.

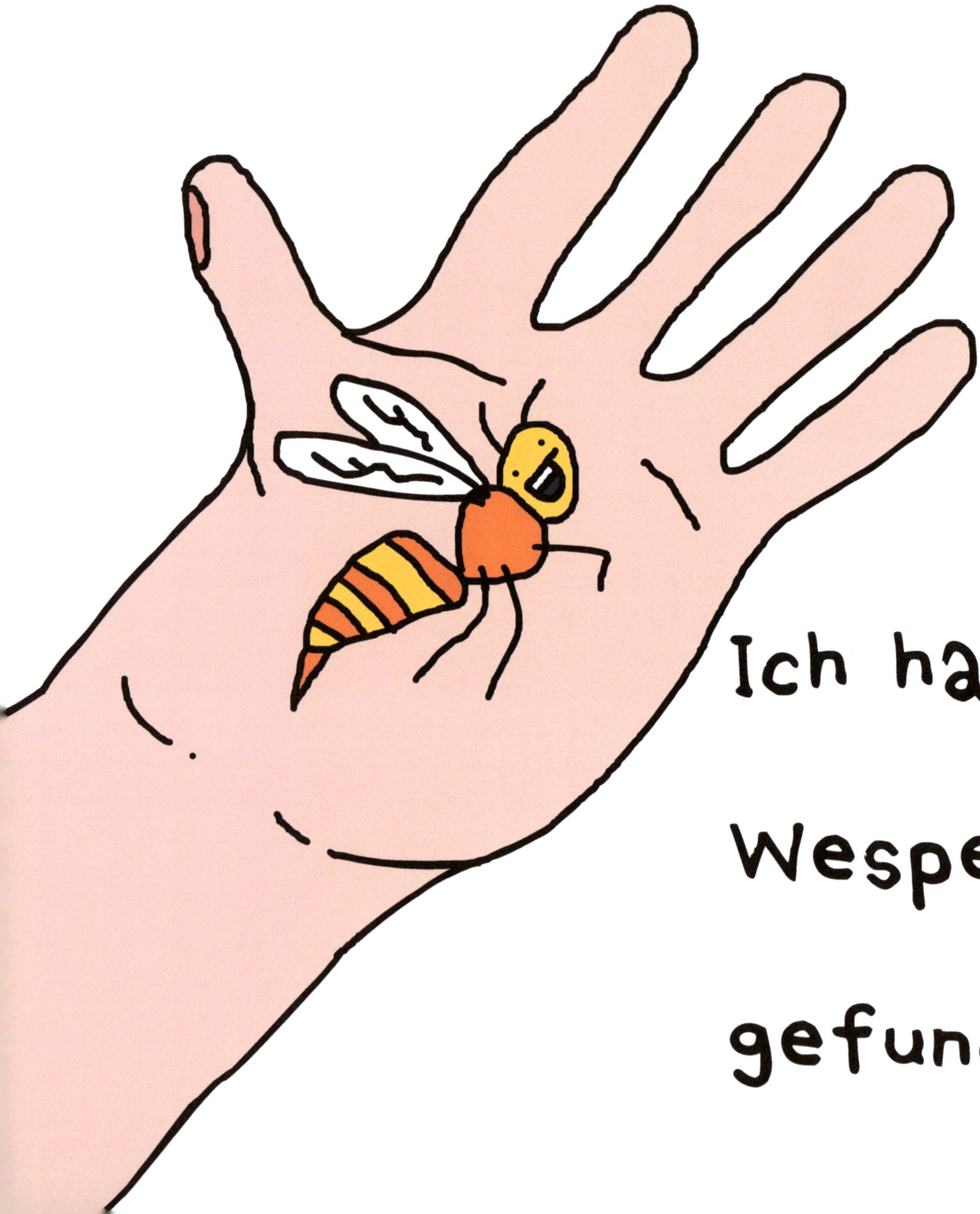

Ich hab' 'ne

Wespe mal

gefunden,

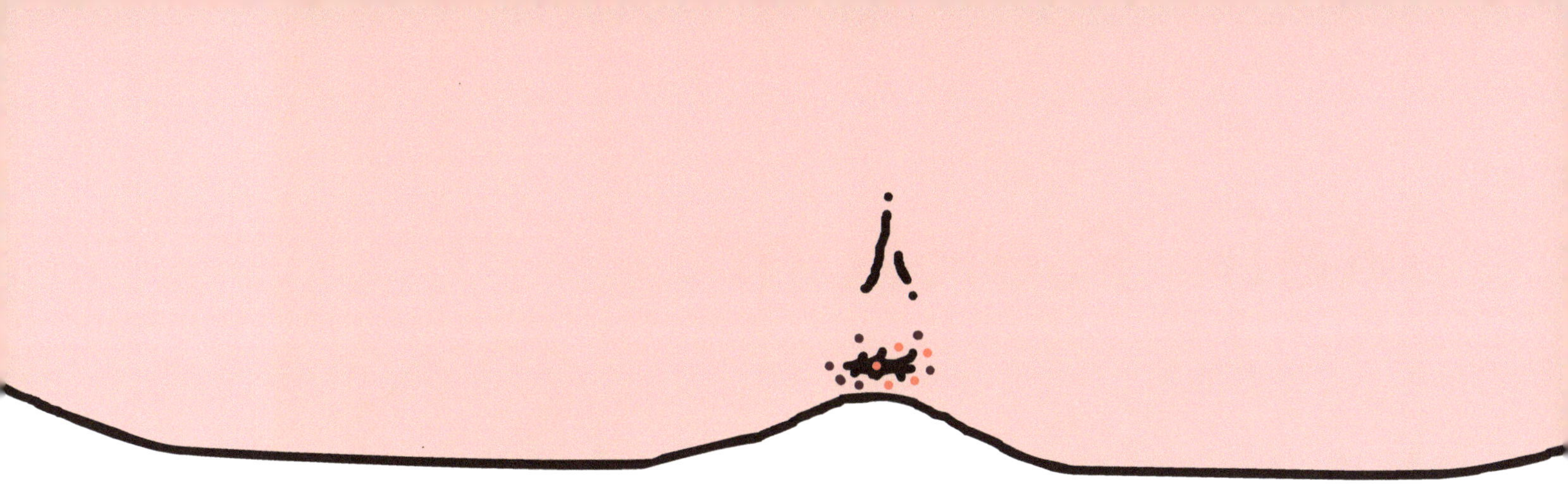

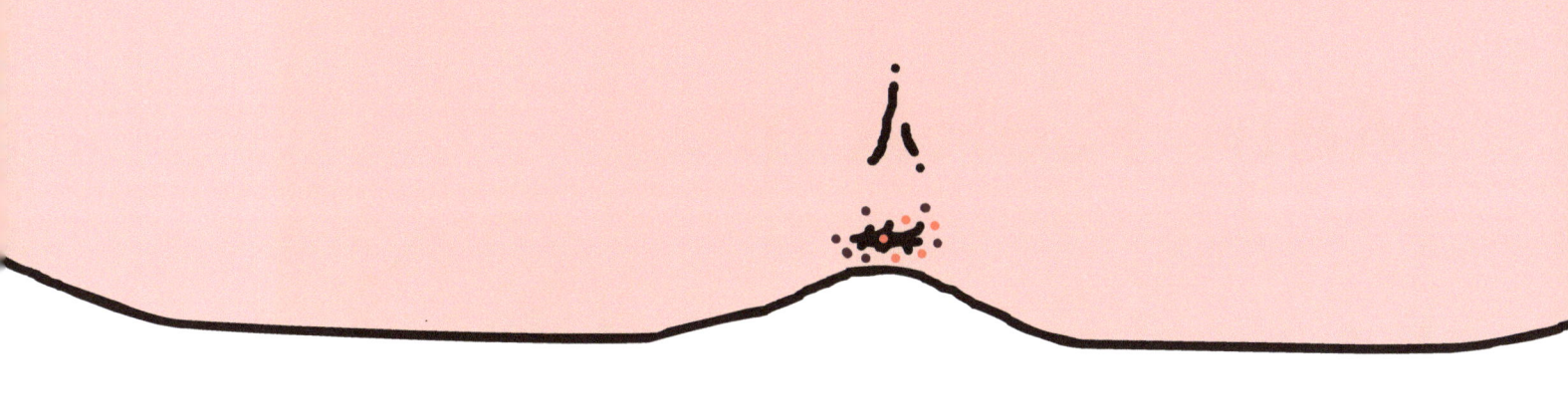

und
hab'
sie in
mein
Po
gesteckt.

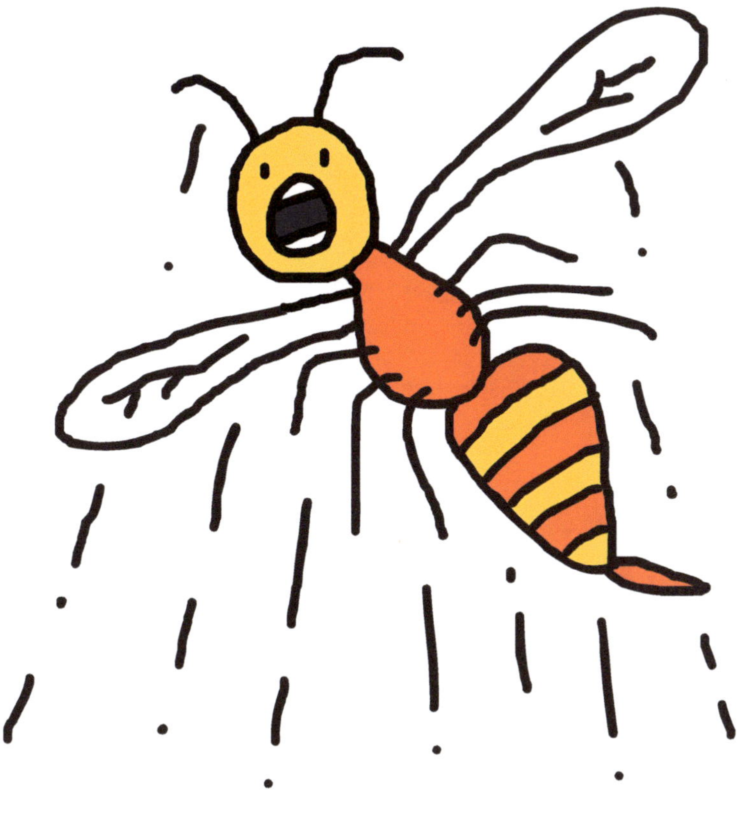

Mein Rektum hat sie schwer gestochen,

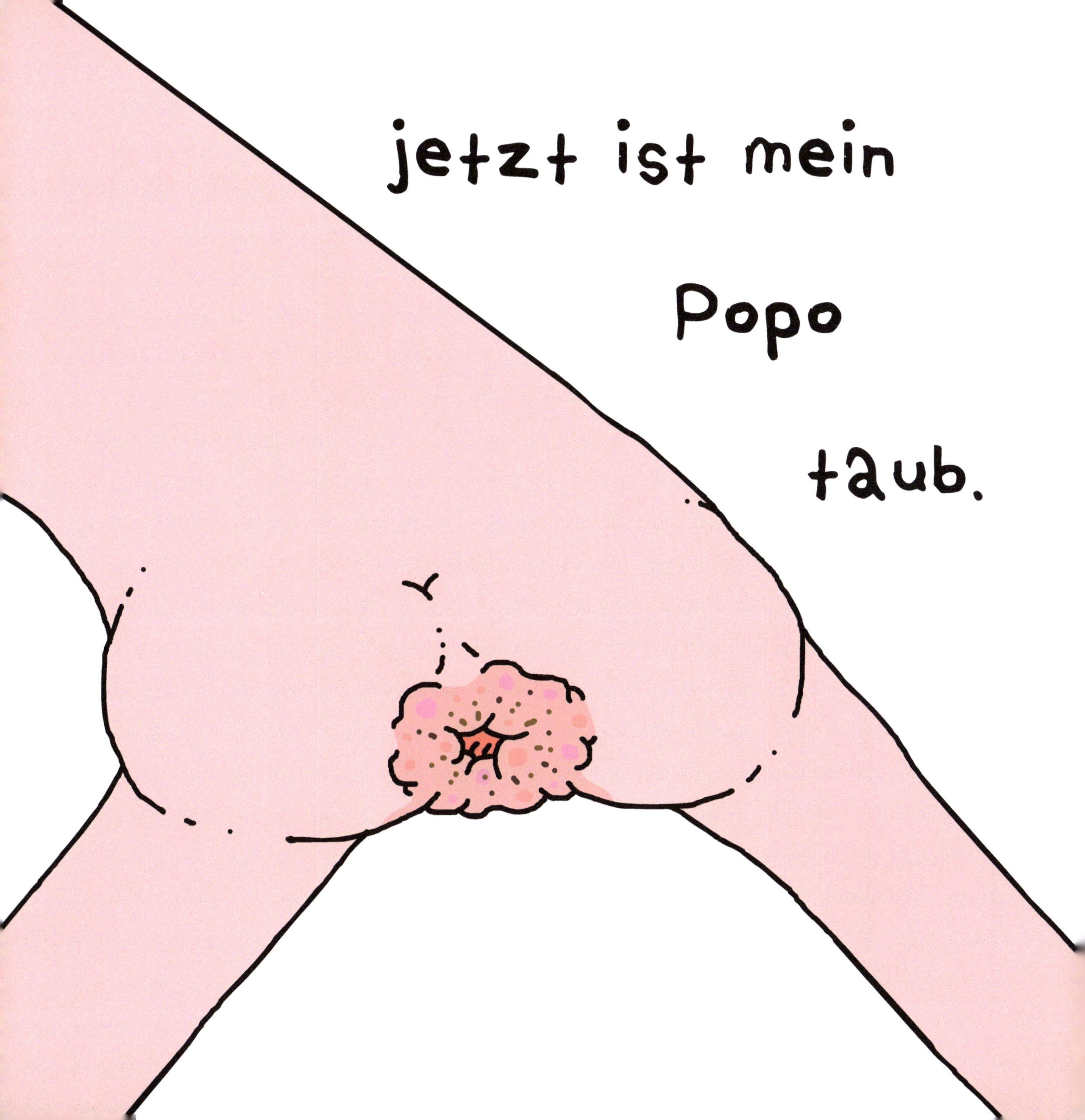
jetzt ist mein Popo taub.

Ach! Du gemeine

Wespe,

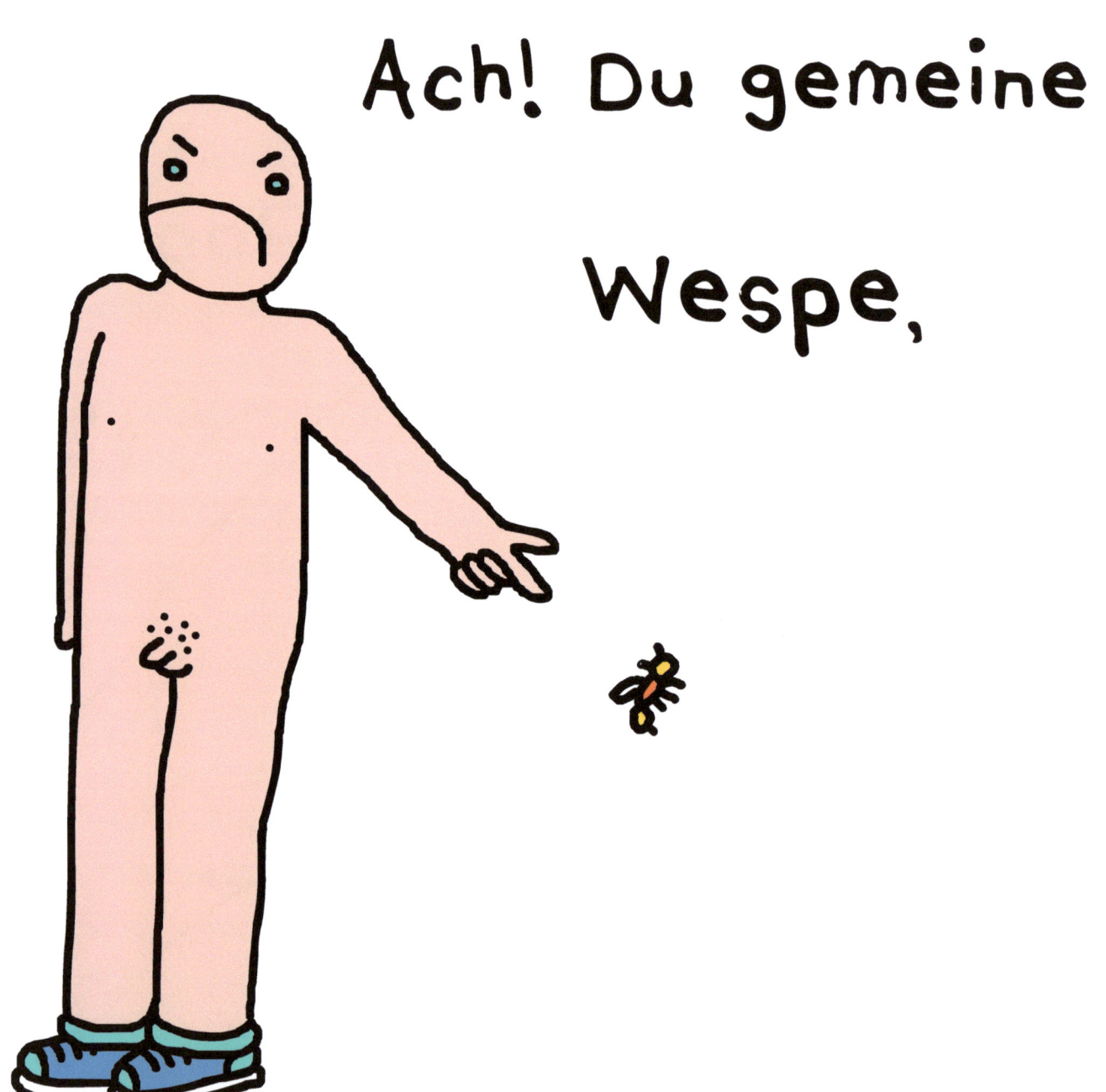

sieh an, was du

da machst!

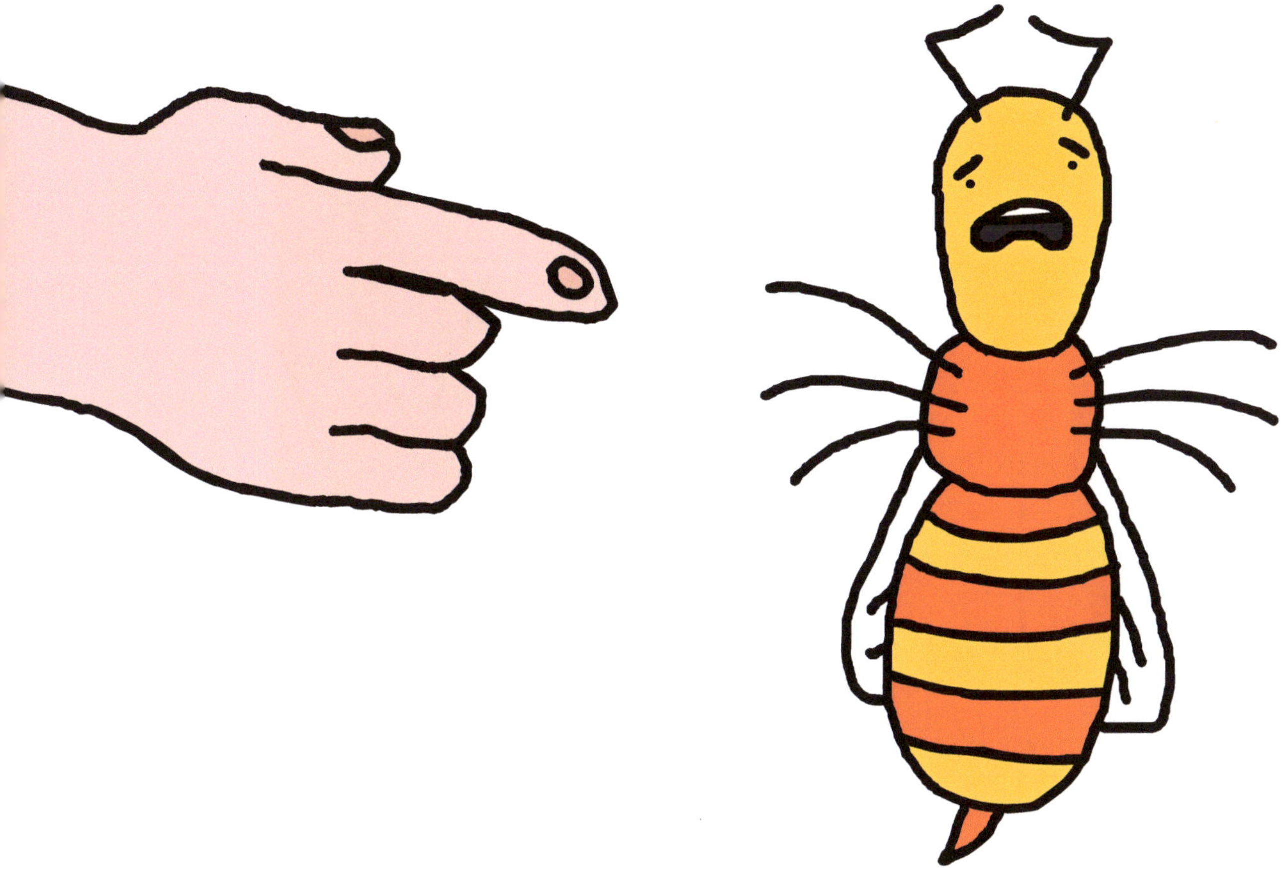

Jetzt muss ich Eis

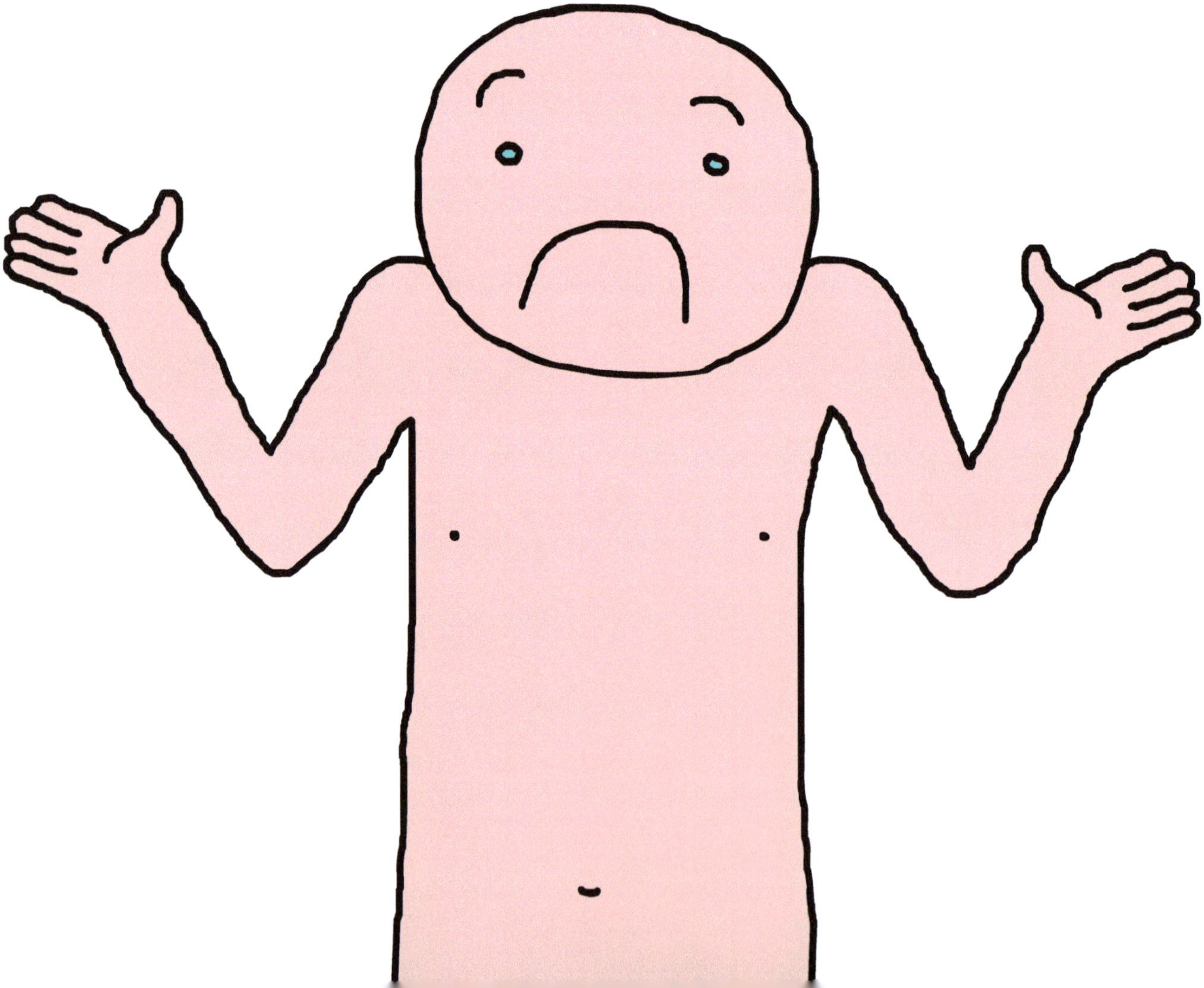

auf mein freundliches altes Po stellen.

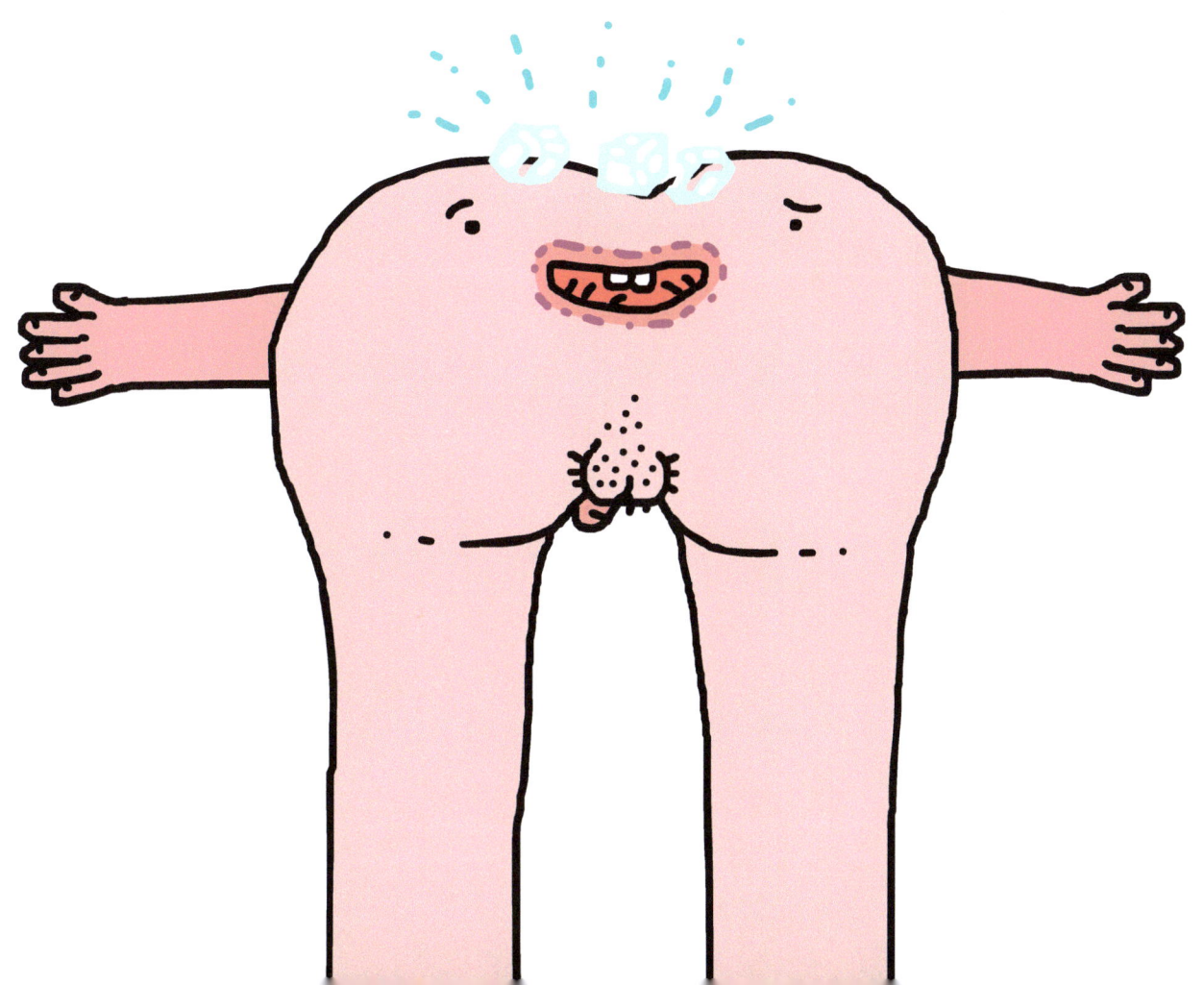

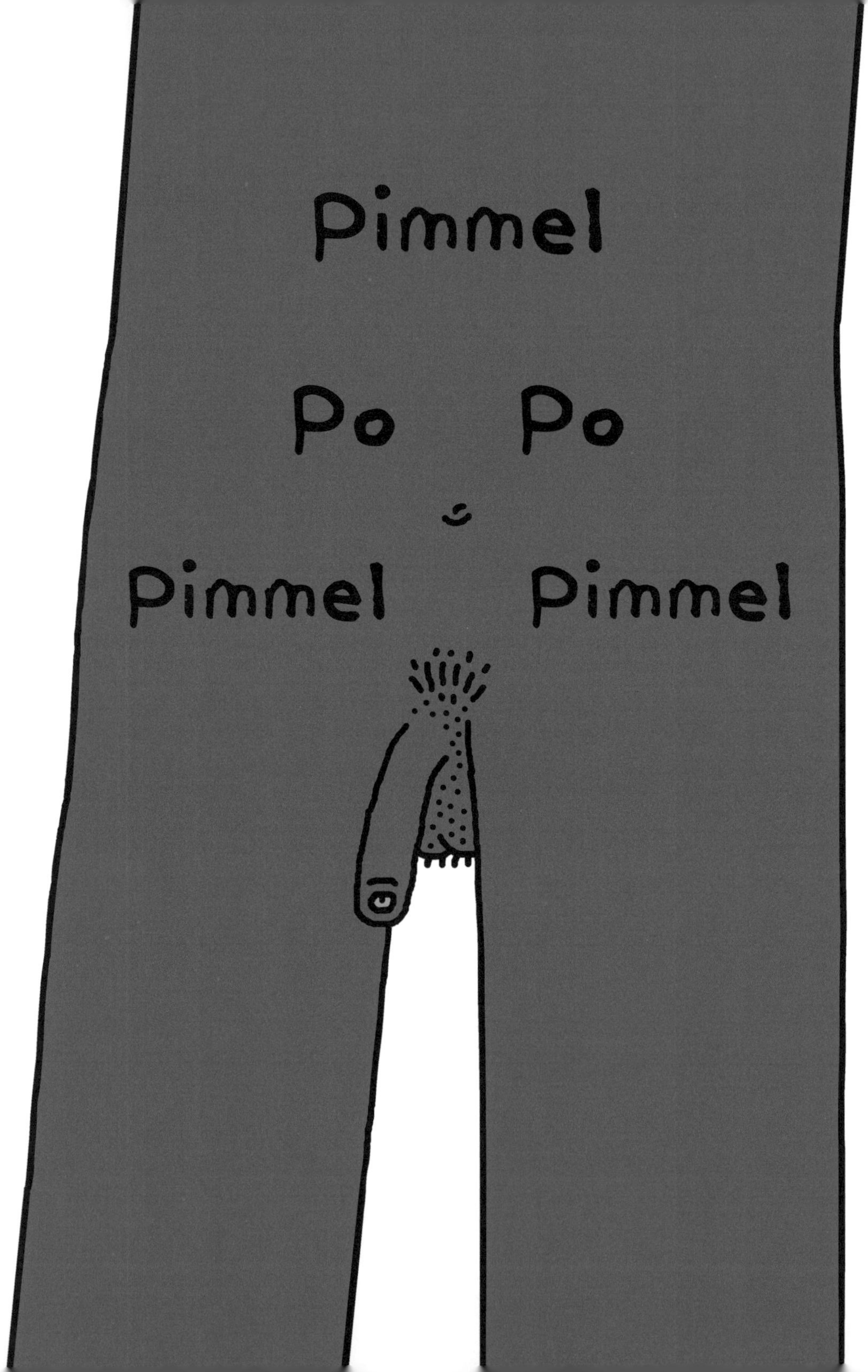
Pimmel
Po Po
Pimmel Pimmel

Popo. Pimmel

Po Po Po Po Po Po.

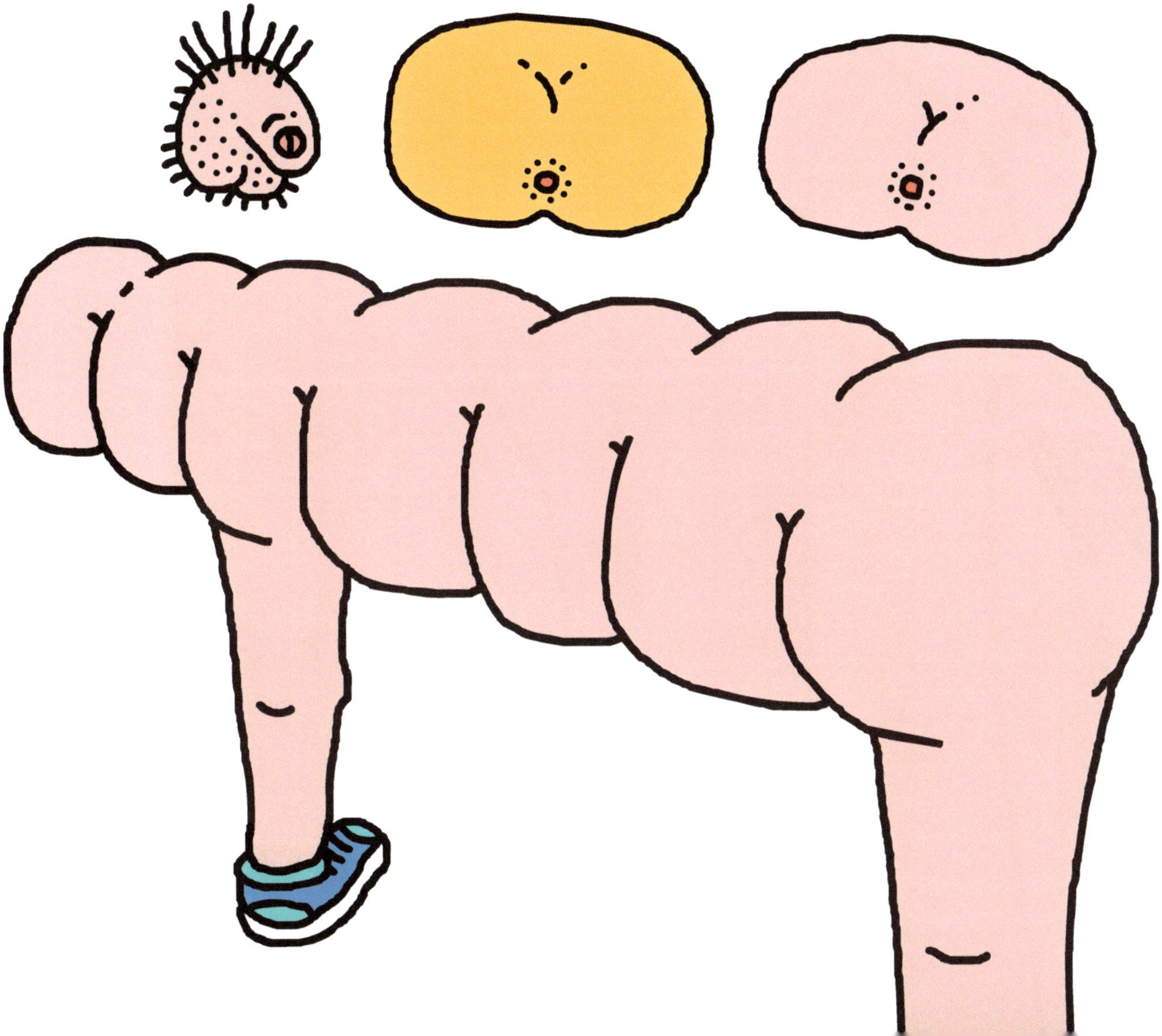

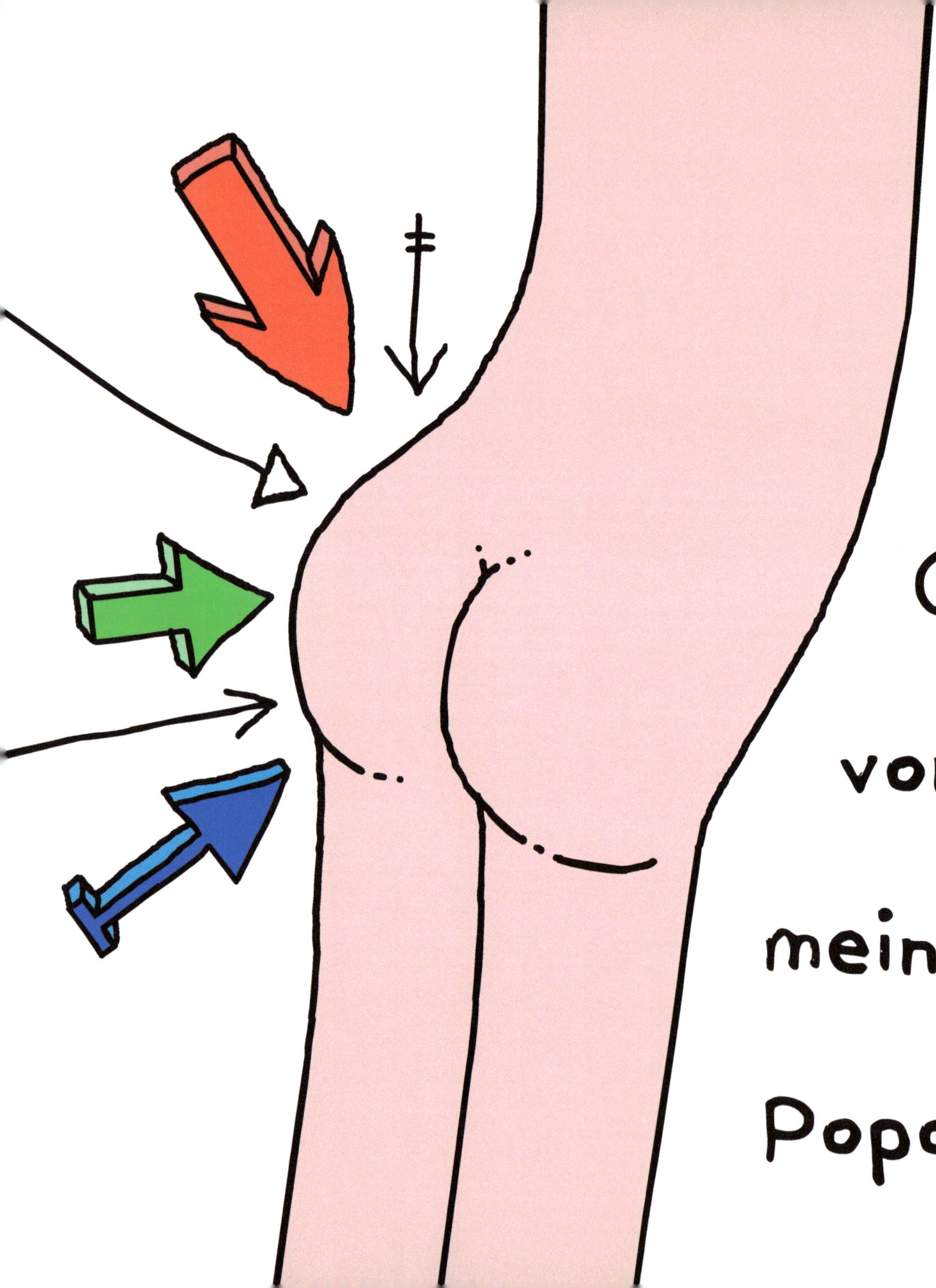

Genug von meinem Popo!

Wieder

zu

meinem

Pimmel!

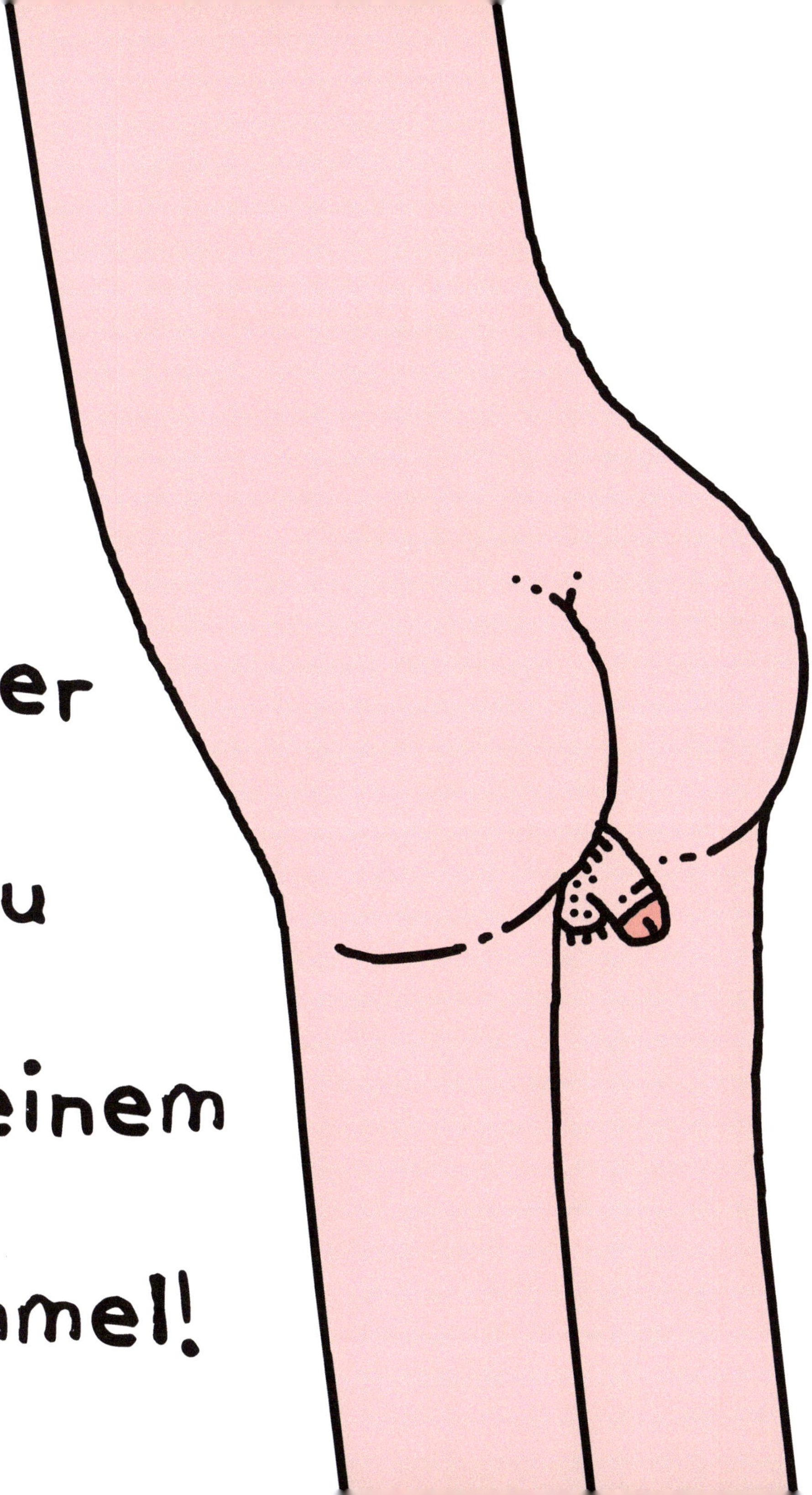

Pimmelchen

wird klein

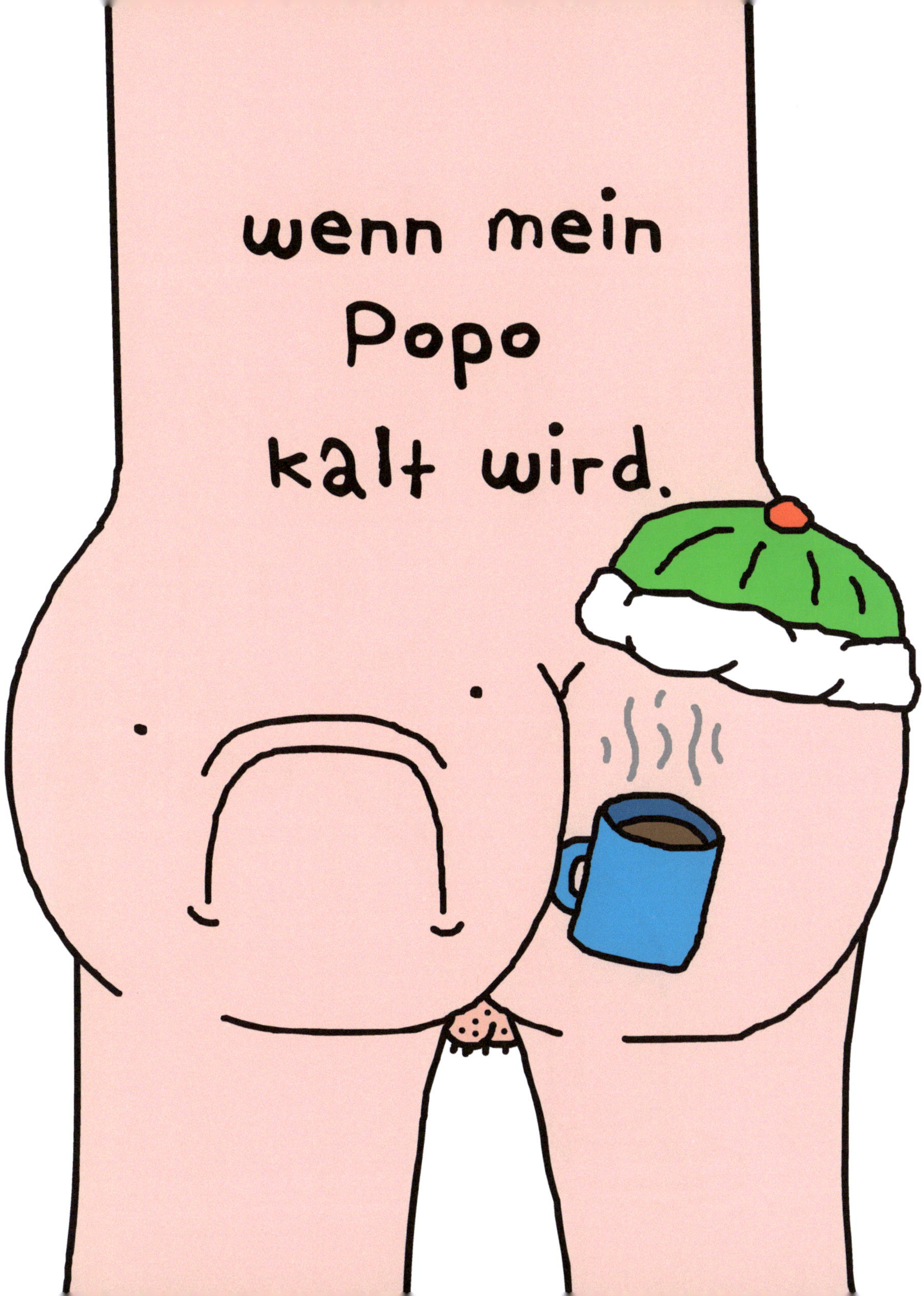
wenn mein
Popo
kalt wird.

Mein freundliches

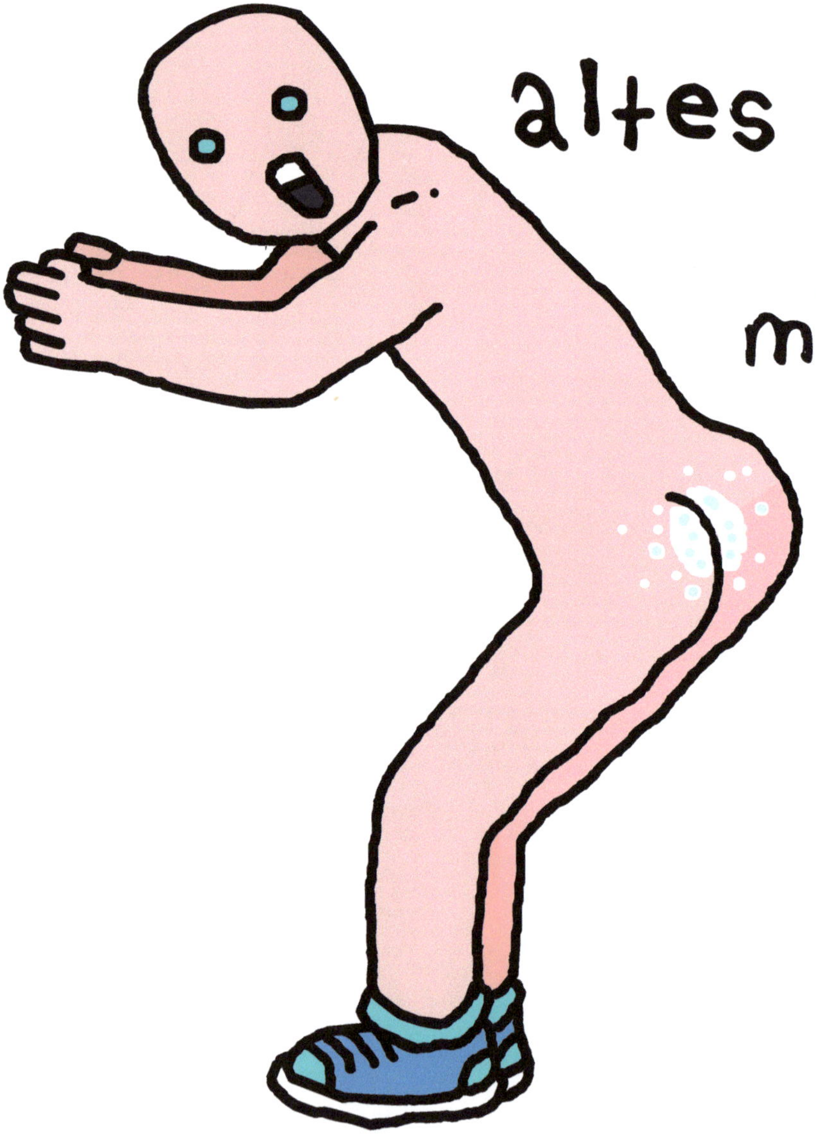

altes Po wird

mit Frost

bedeckt.

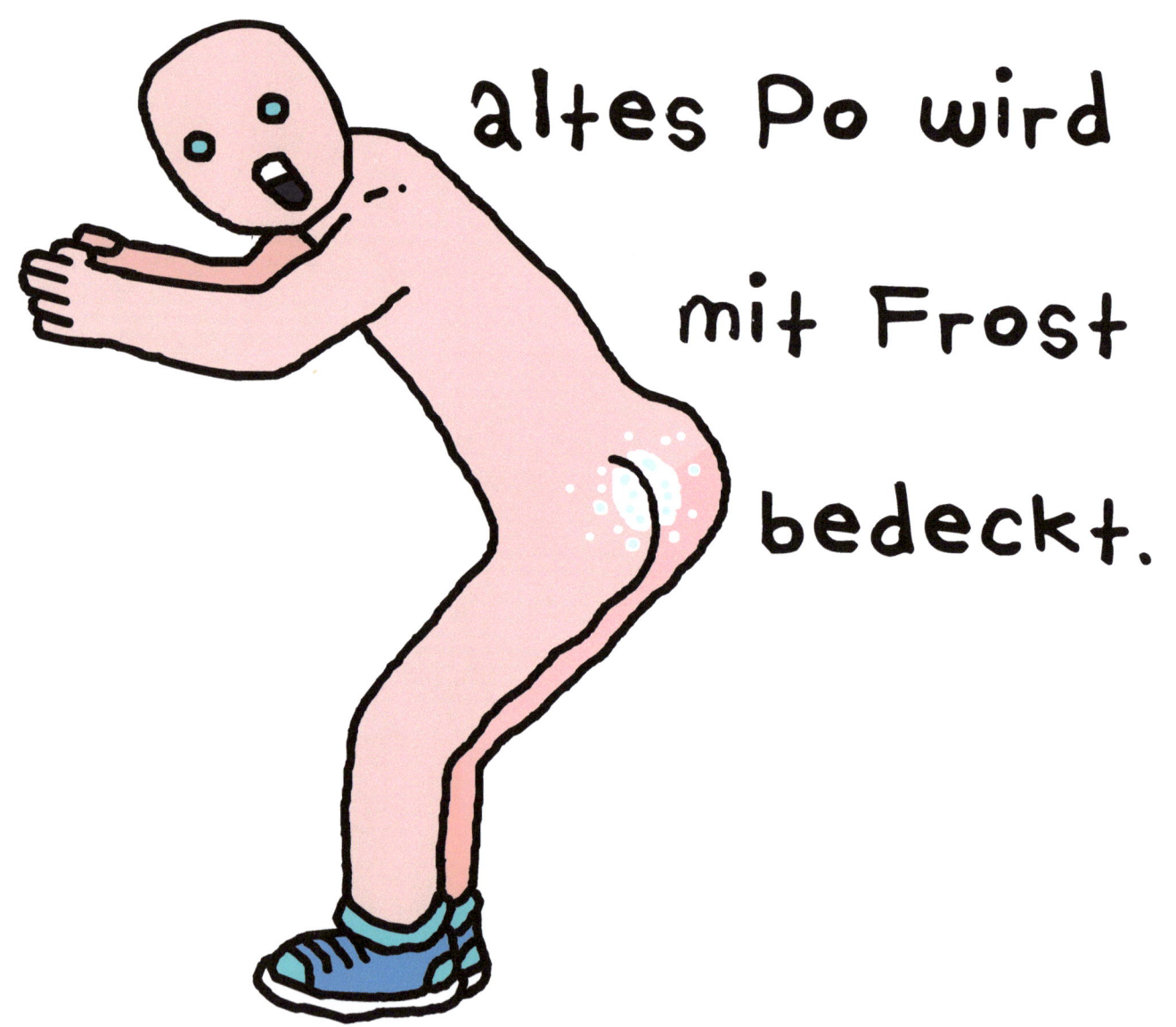

Mein Po wurd' von 'ner bösen alten Wespe gestochen.

Ach! Du übelriechend' Wespe!

Das macht keinen Spaß!

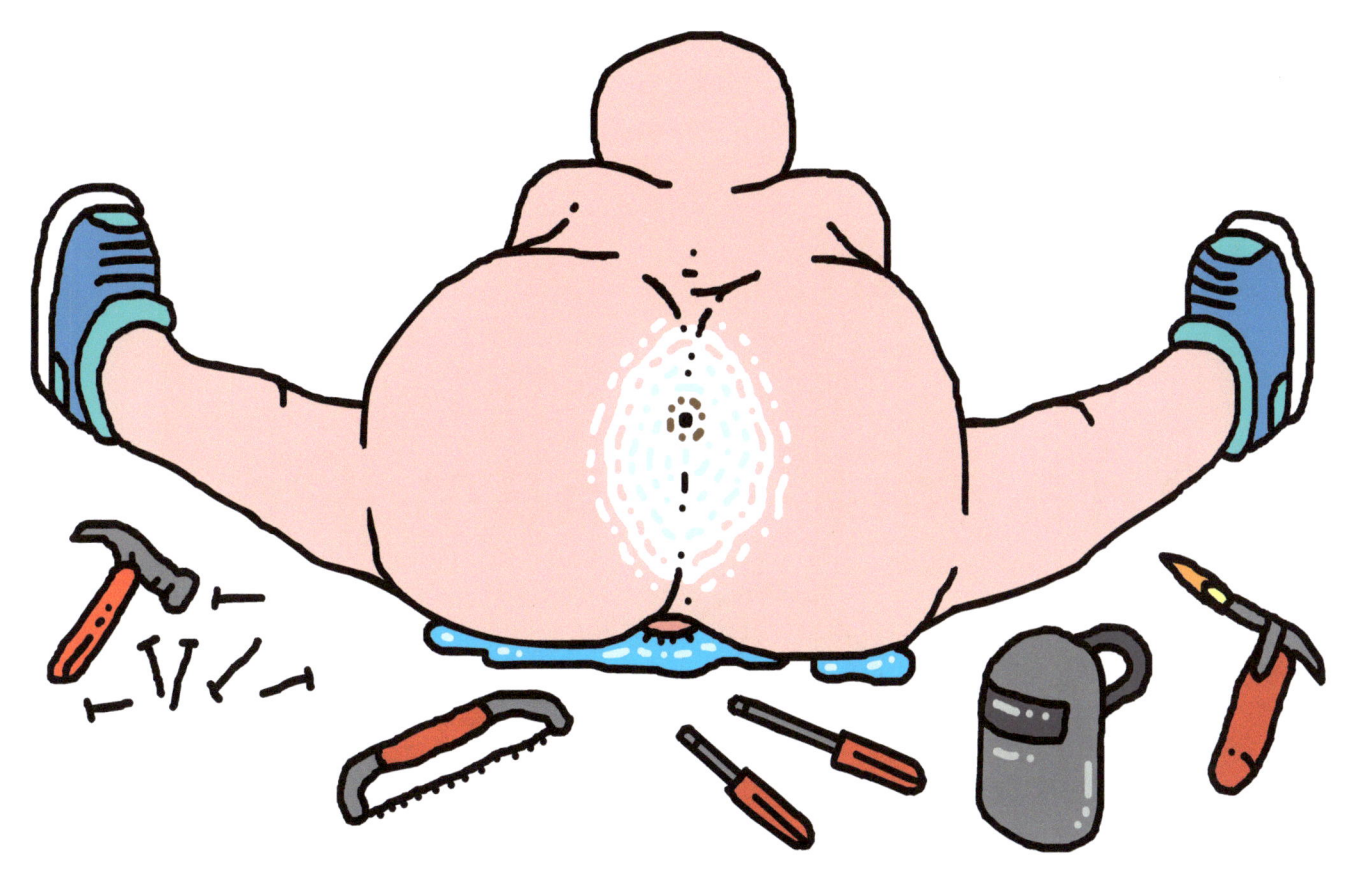

Wie söllte ich mein kaltes altes Po reparieren?

Geh nach

draussen!

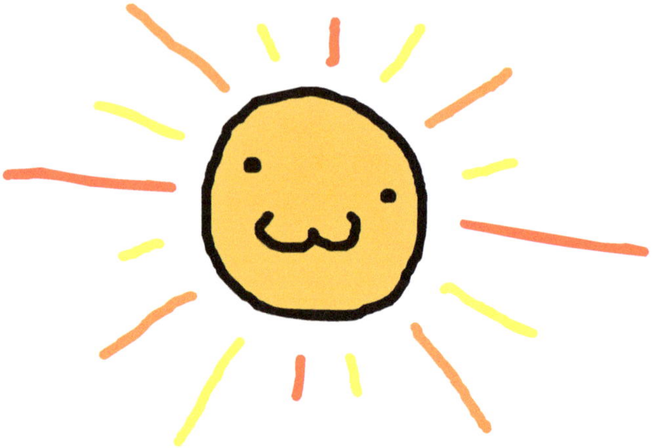

Bade mit deinem Po

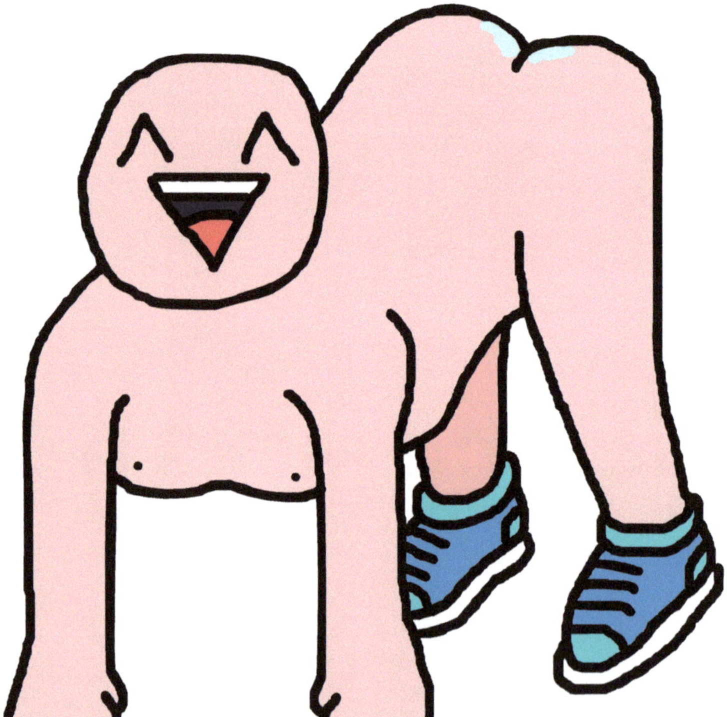

in der

Sonne!

Mein Po wurde gebrannt,

und dann hat es mit

Singen angefangen...

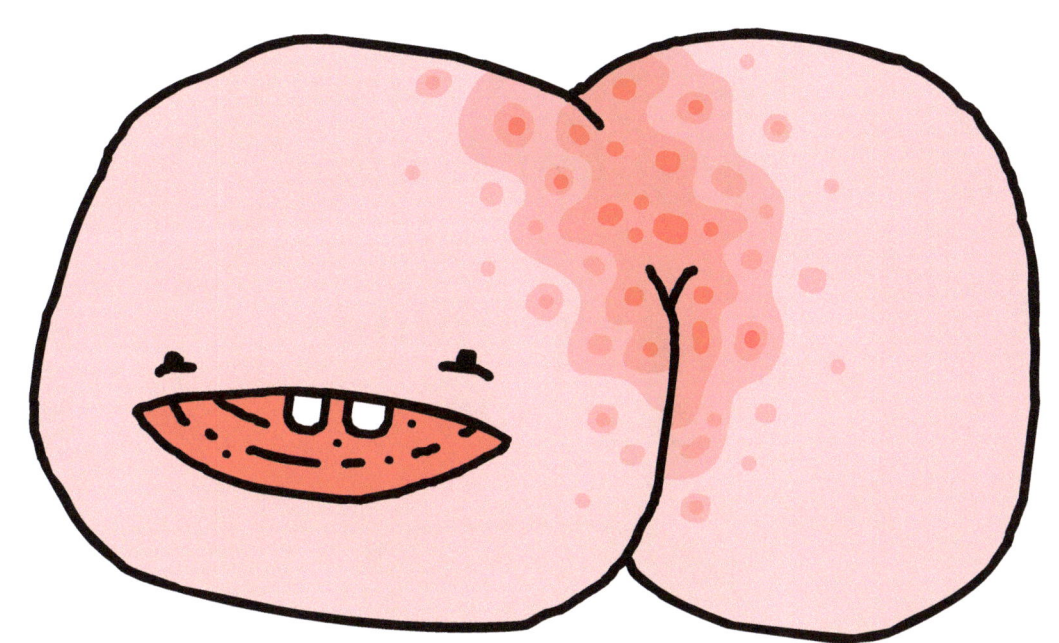

Pimmel Popo. Pimmel Pimmel

Po Po. Pimmel Popo

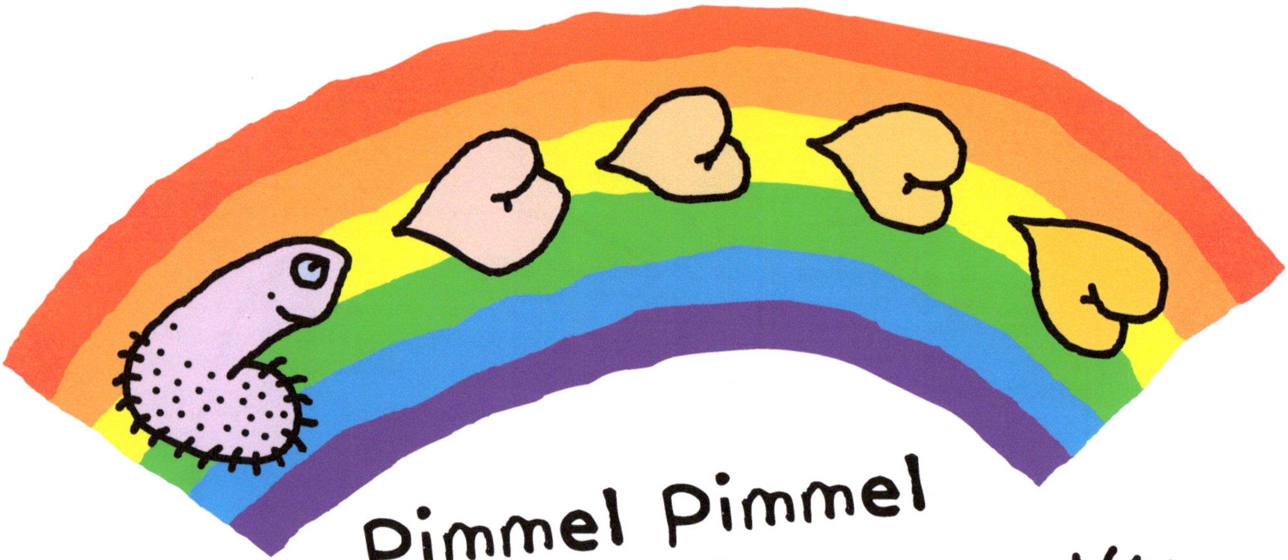

Pimmel Pimmel

Po Po.

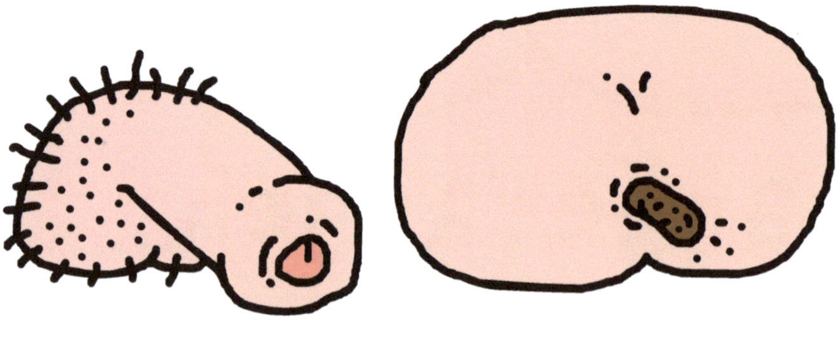

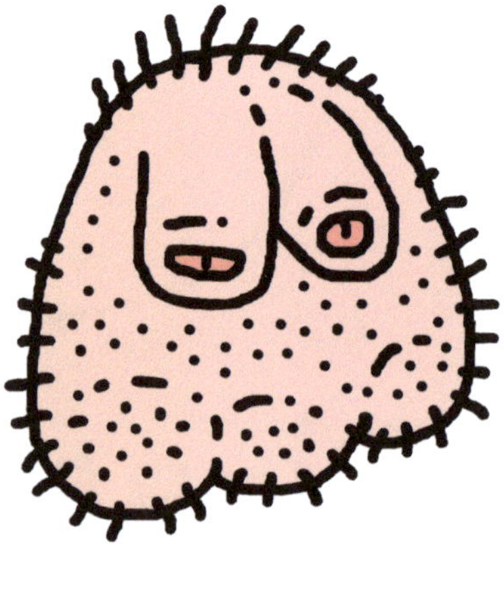

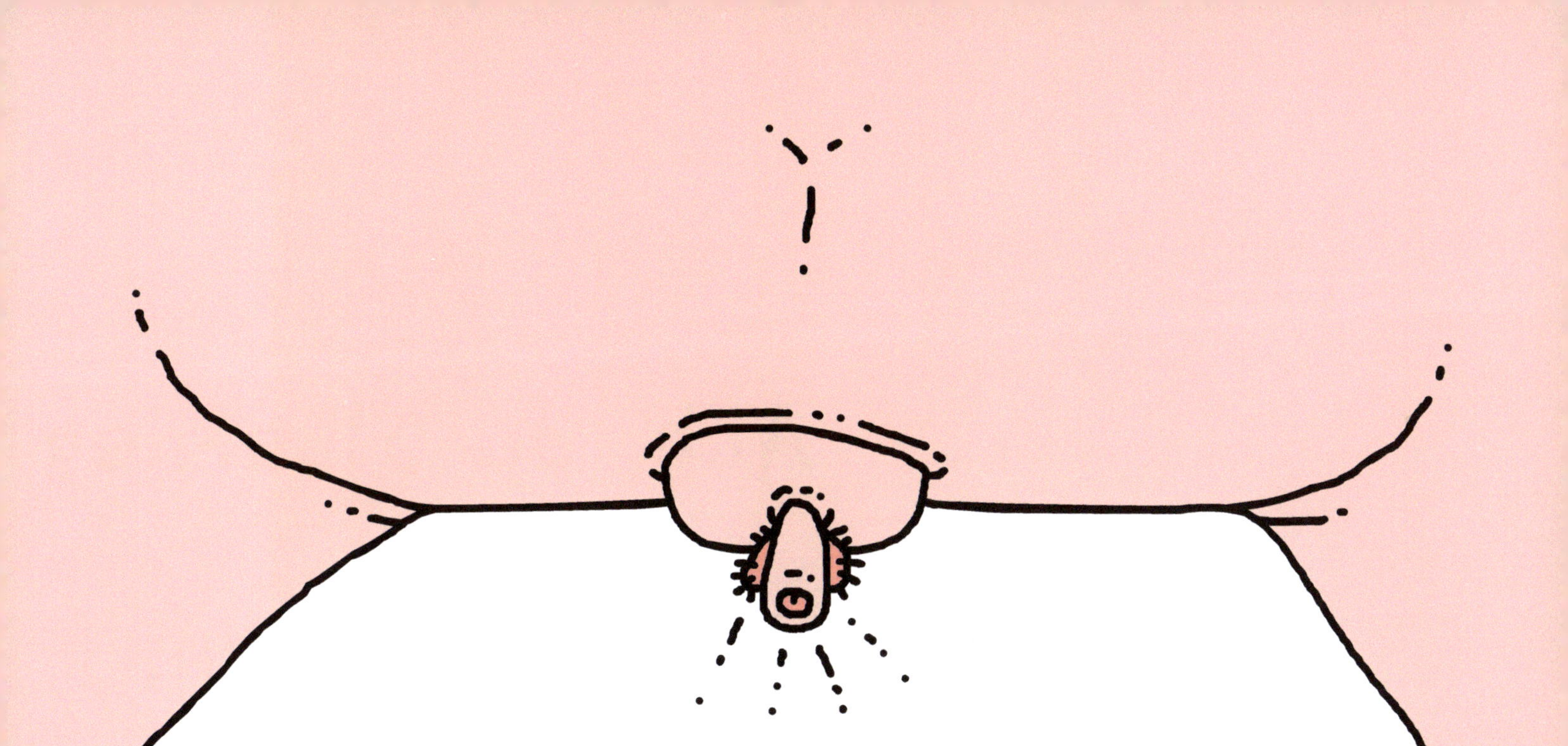

Pimmel

Po Po Po Po...

Wespe!

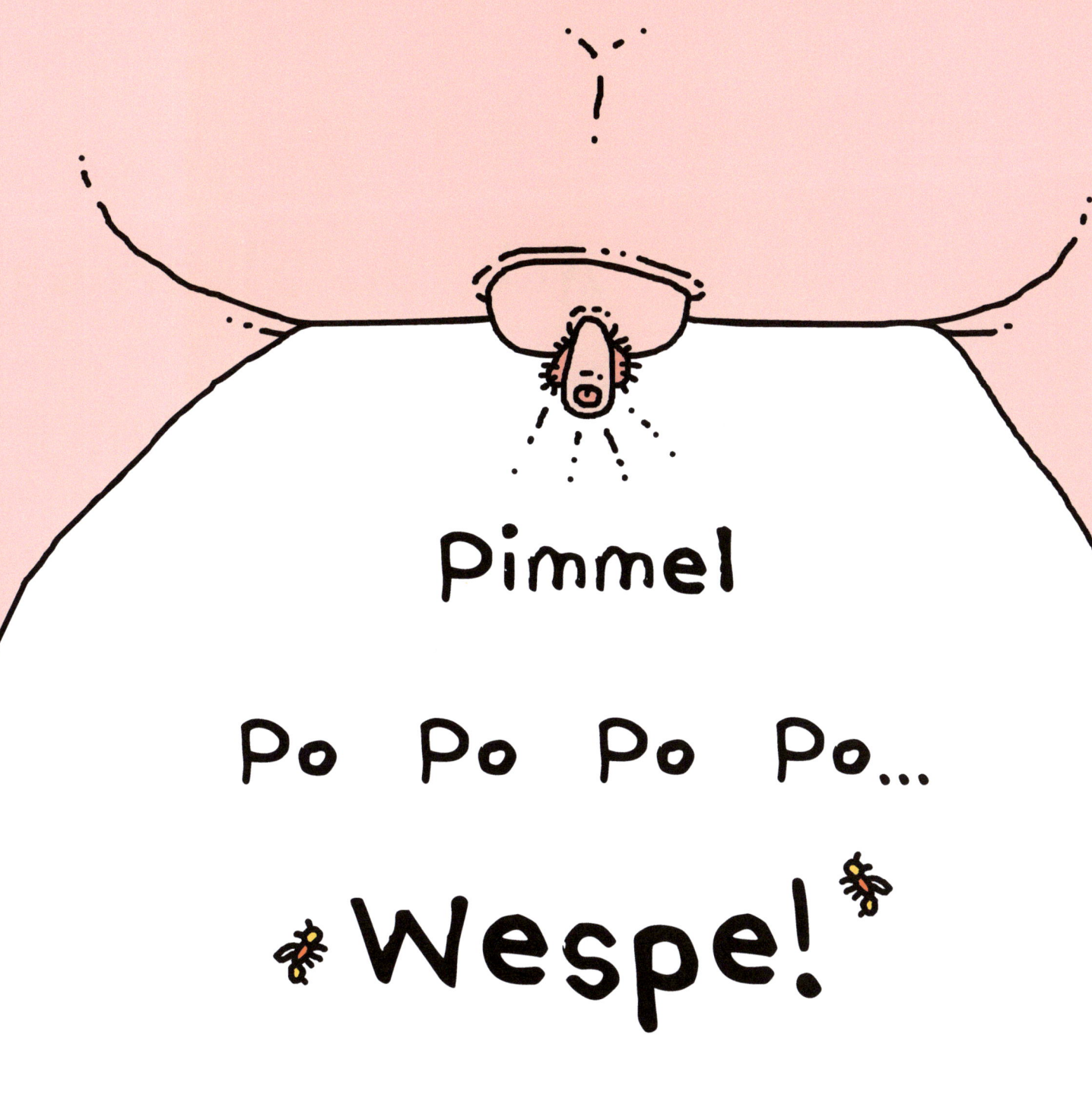

Ach, du albernes Pimmelchen,

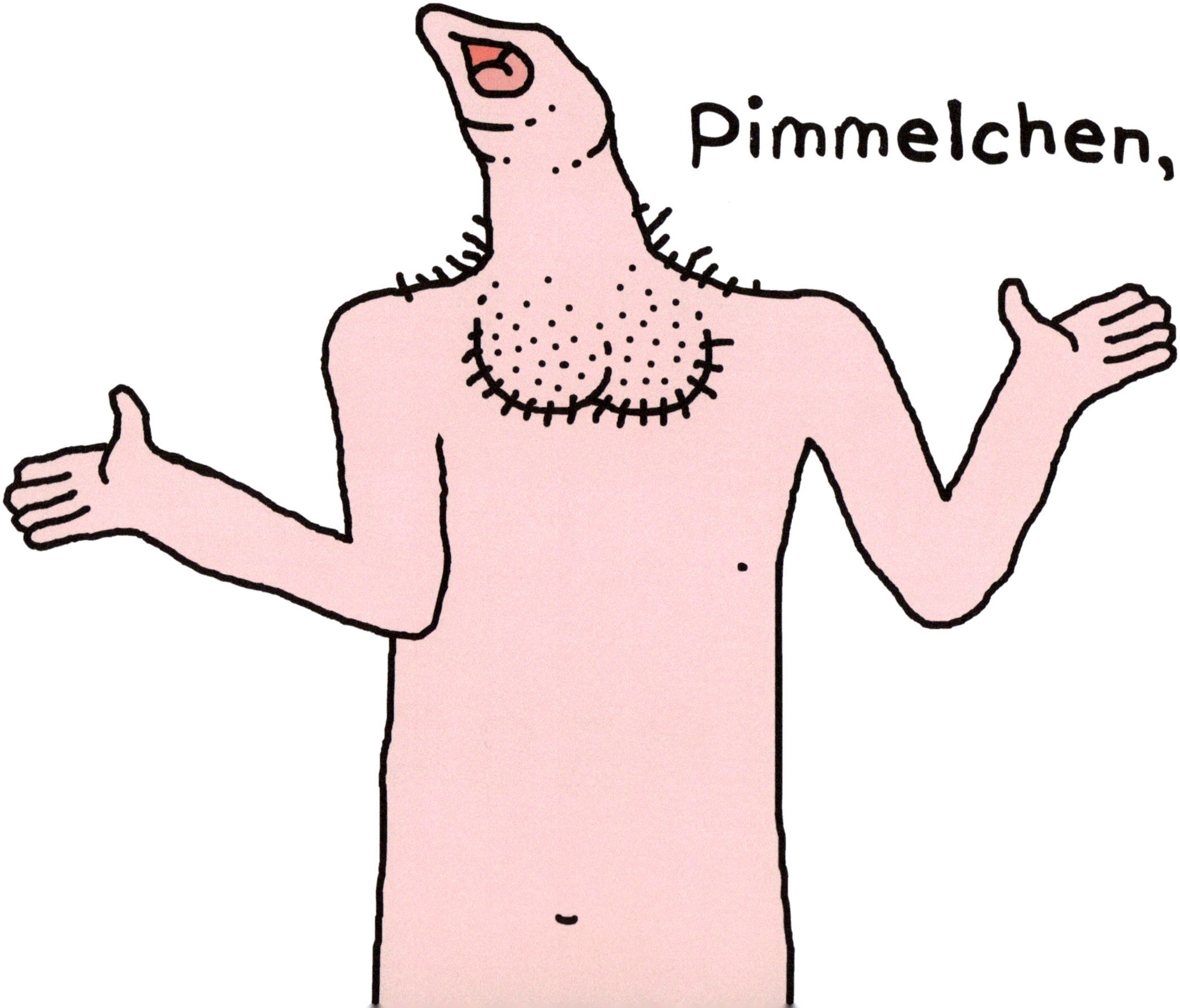

du verbranntes altes Po!

Hier steh' ich,

im Sonnenlicht,

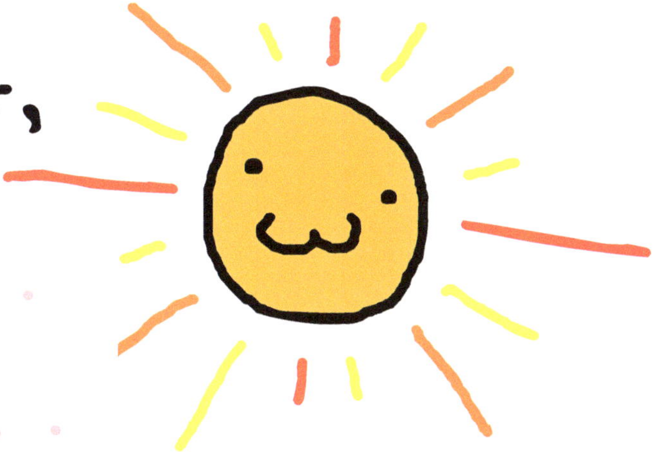

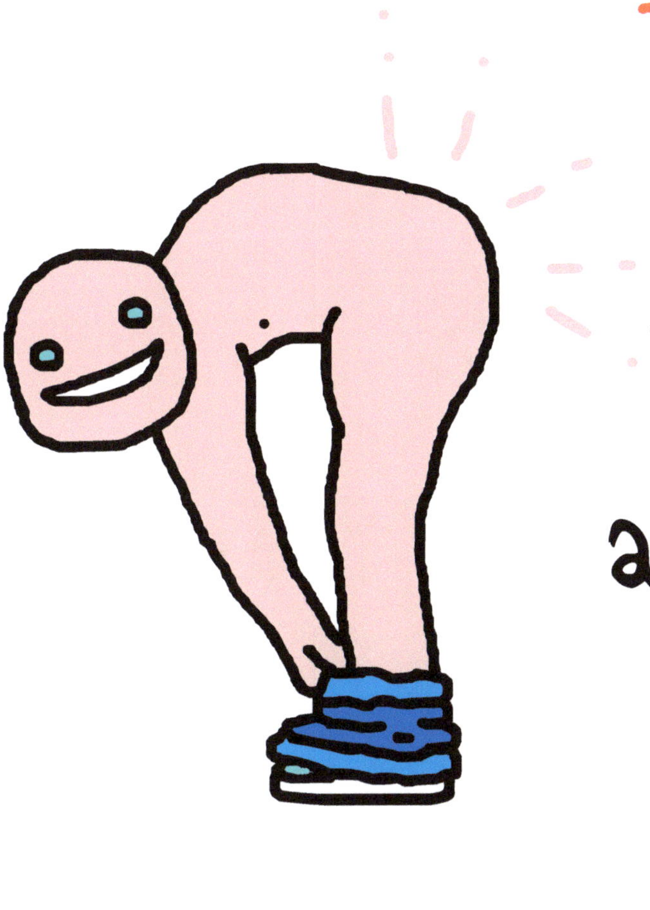

mit Hosen abgezogen!

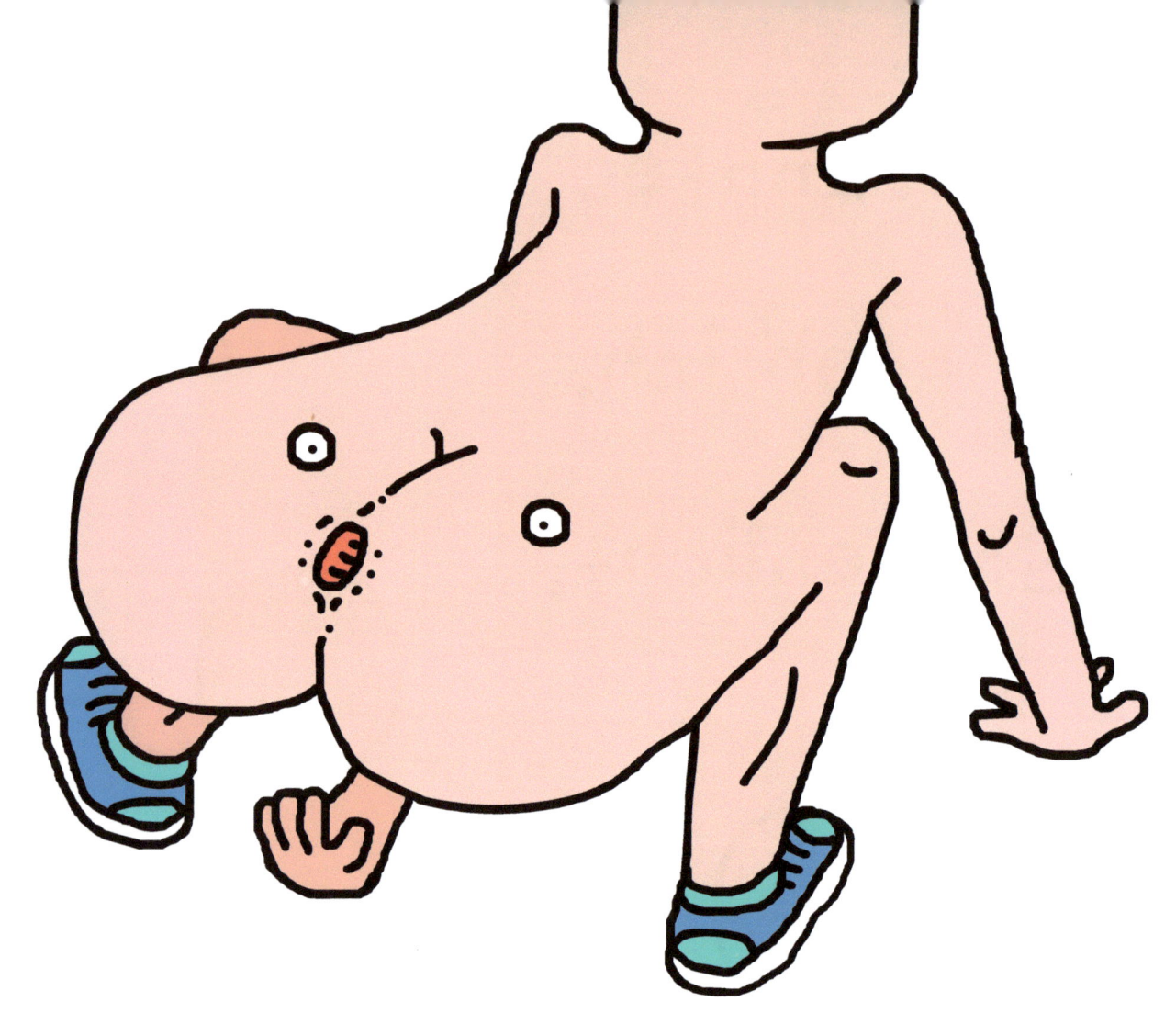

Wo sind meine Pflaumen?

Haben sie sich verlaufen?

Das ist alles deine Schuld, du übelriechend' Wespe!

Lasst uns besoffen

werden,

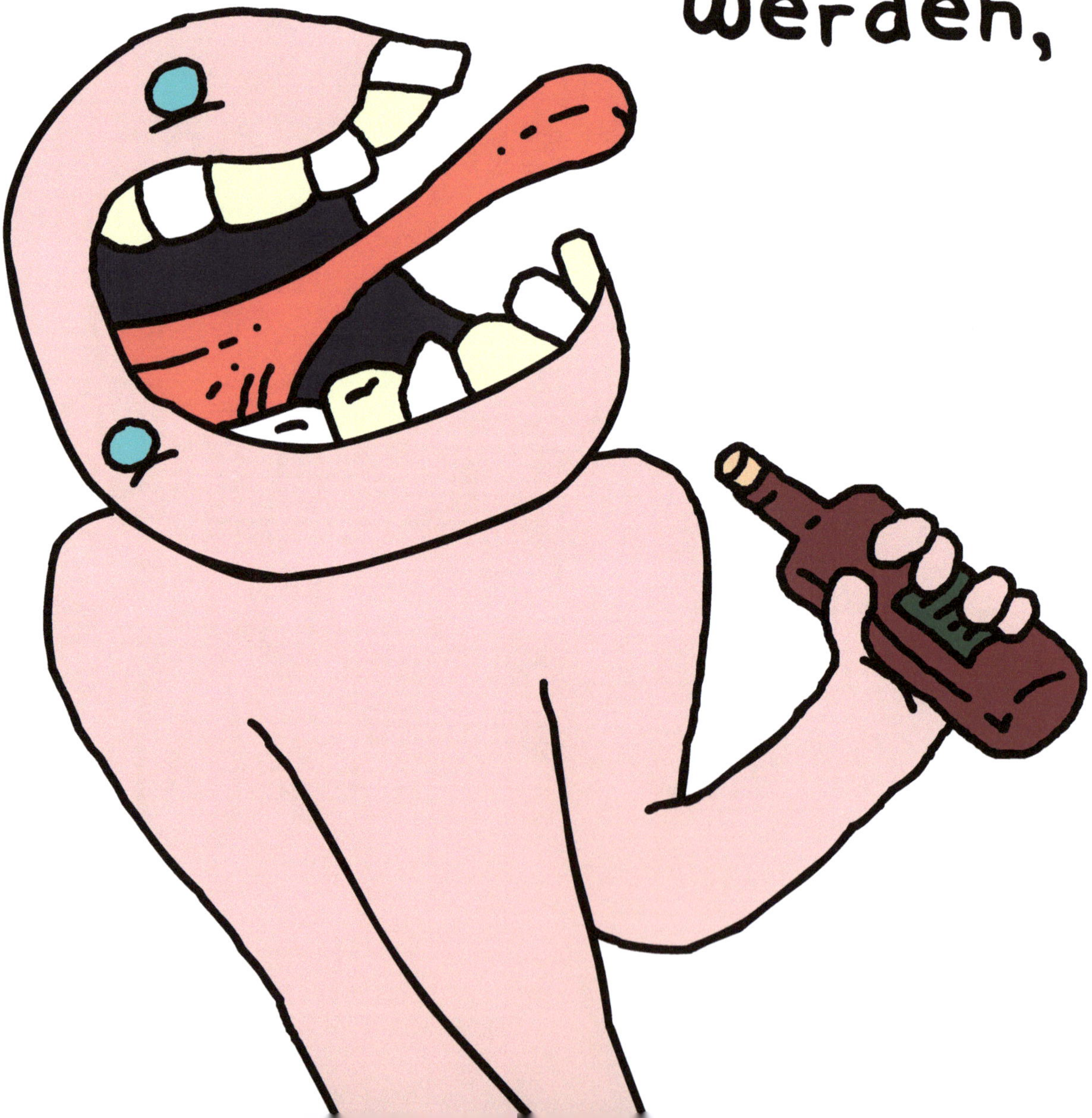

hab' ich meinem Po gesagt.

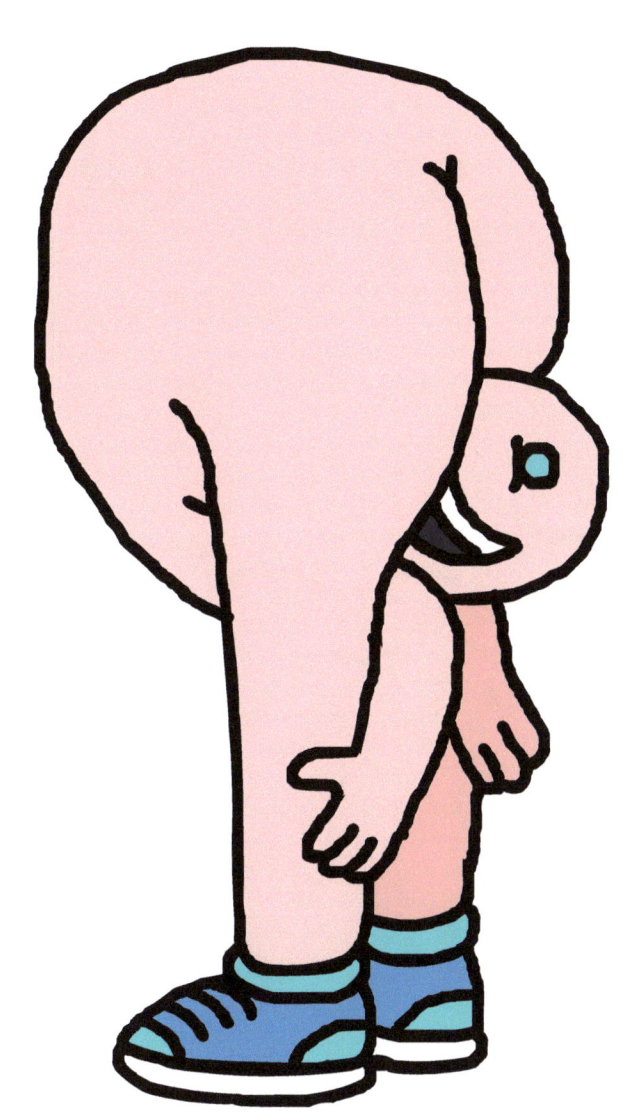

Es wird lecker schmecken

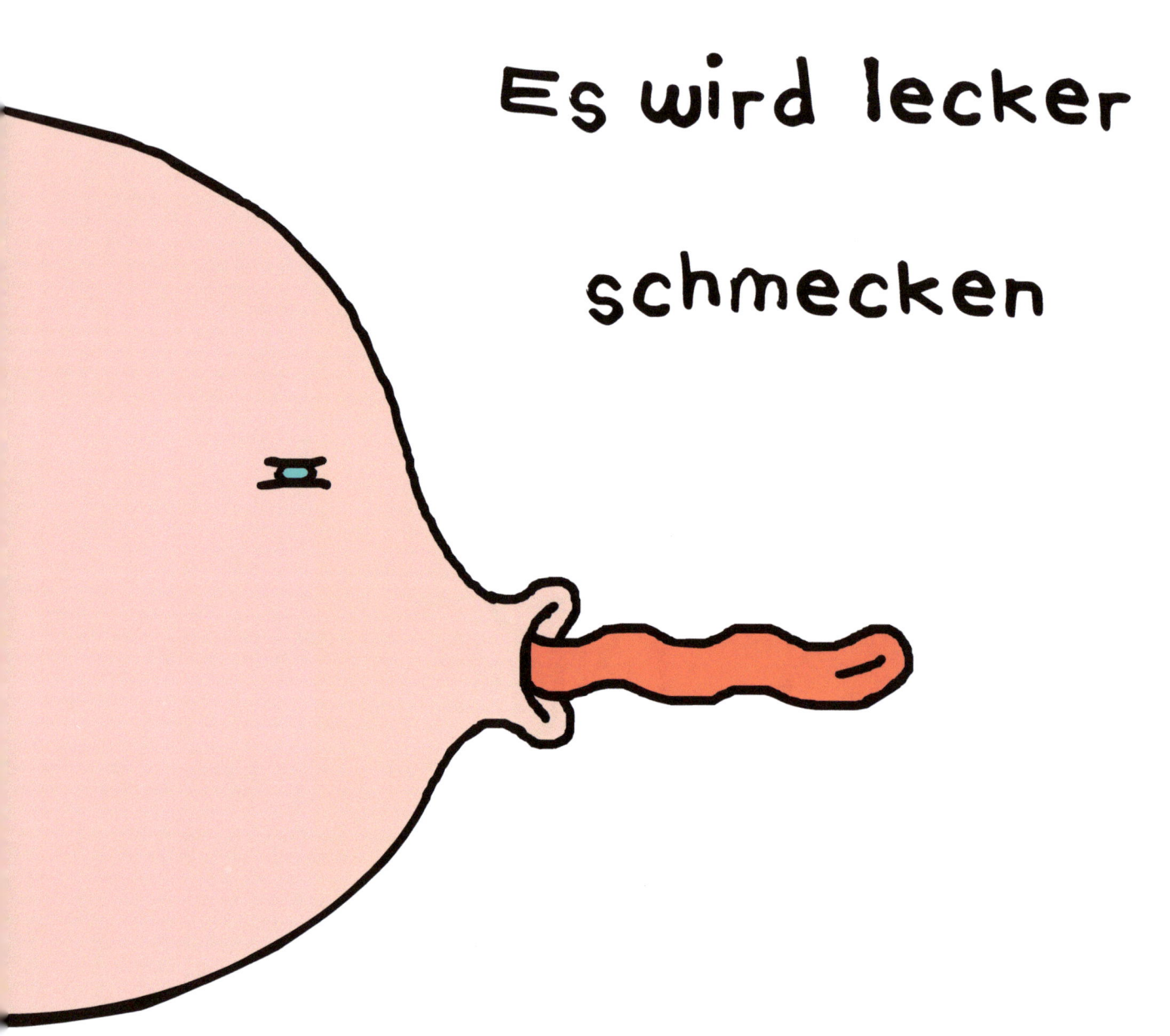

auf meiner

freundlichen

alten Zunge.

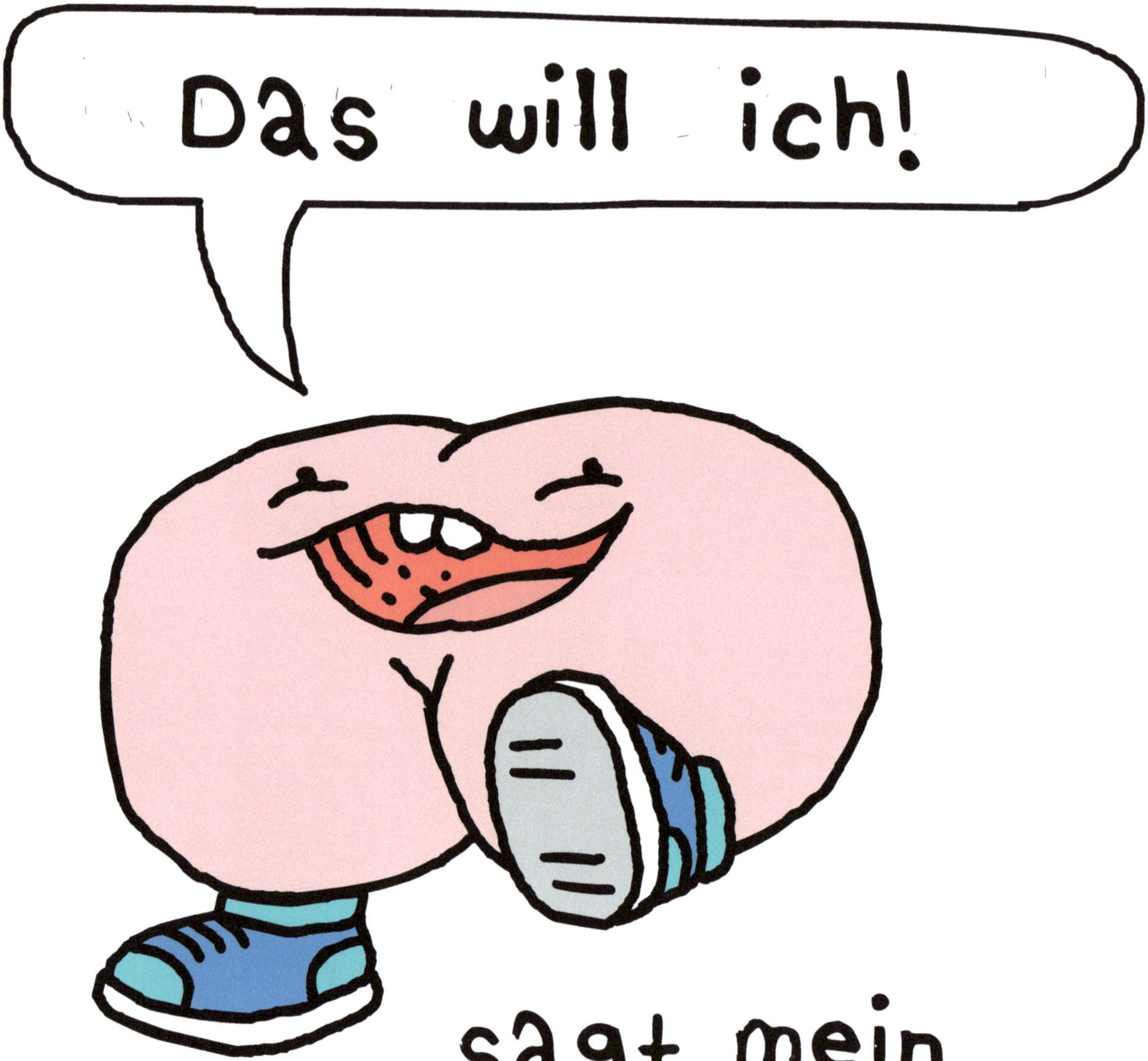
Das will ich!

sagt mein

gefräßiges Po.

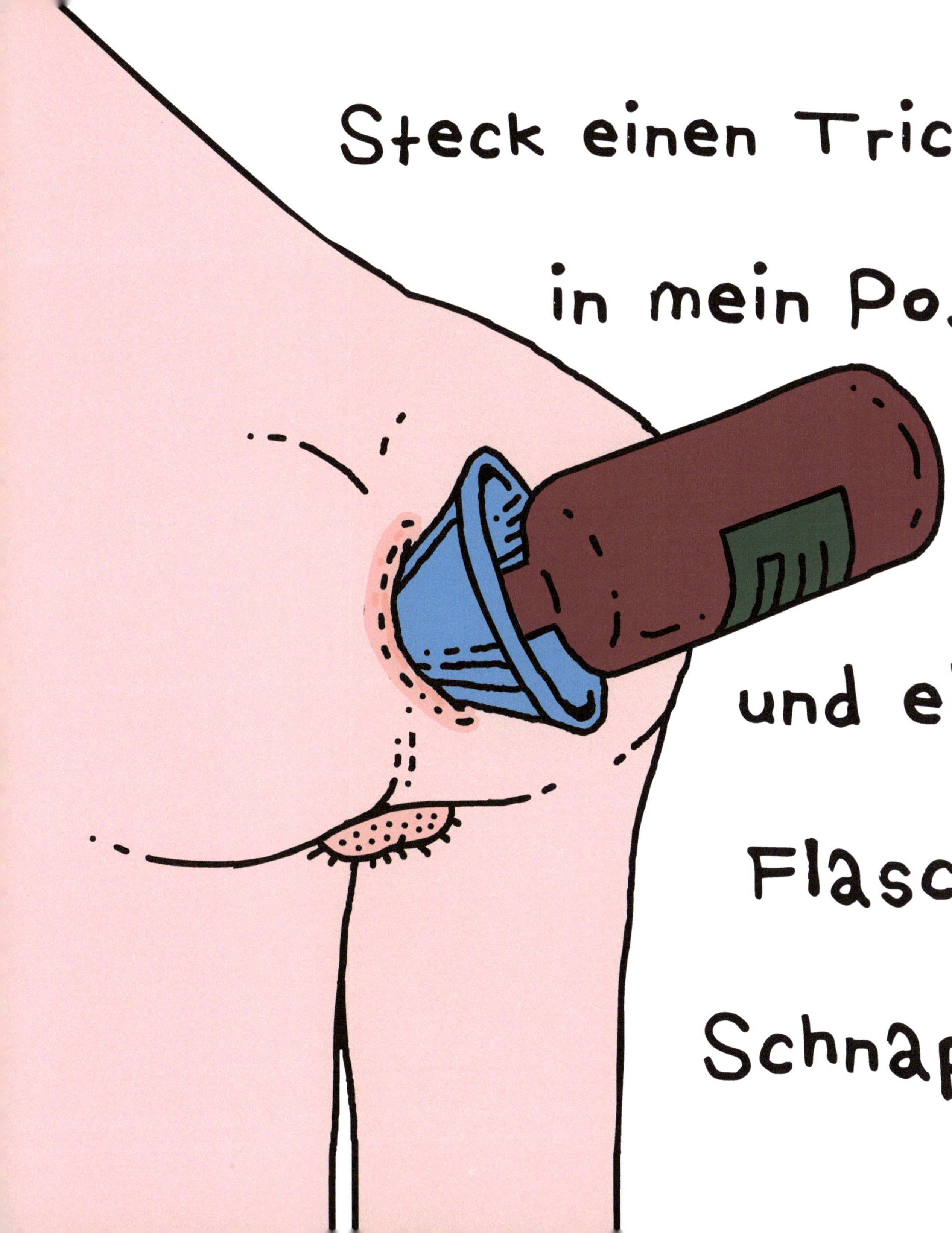

Steck einen Trichter

in mein Po,

und eine

Flasche

Schnapps!

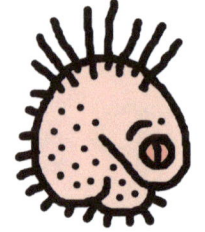

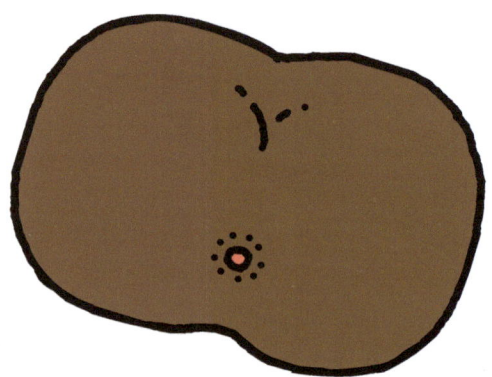

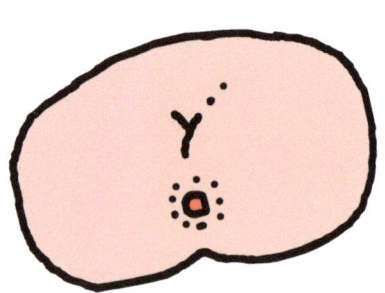

Pimmel

Po

Po.

Pimmel

Pimmel

Po

Po.

Pimmel Popo.

Pimmel Pimmel

Po Po.

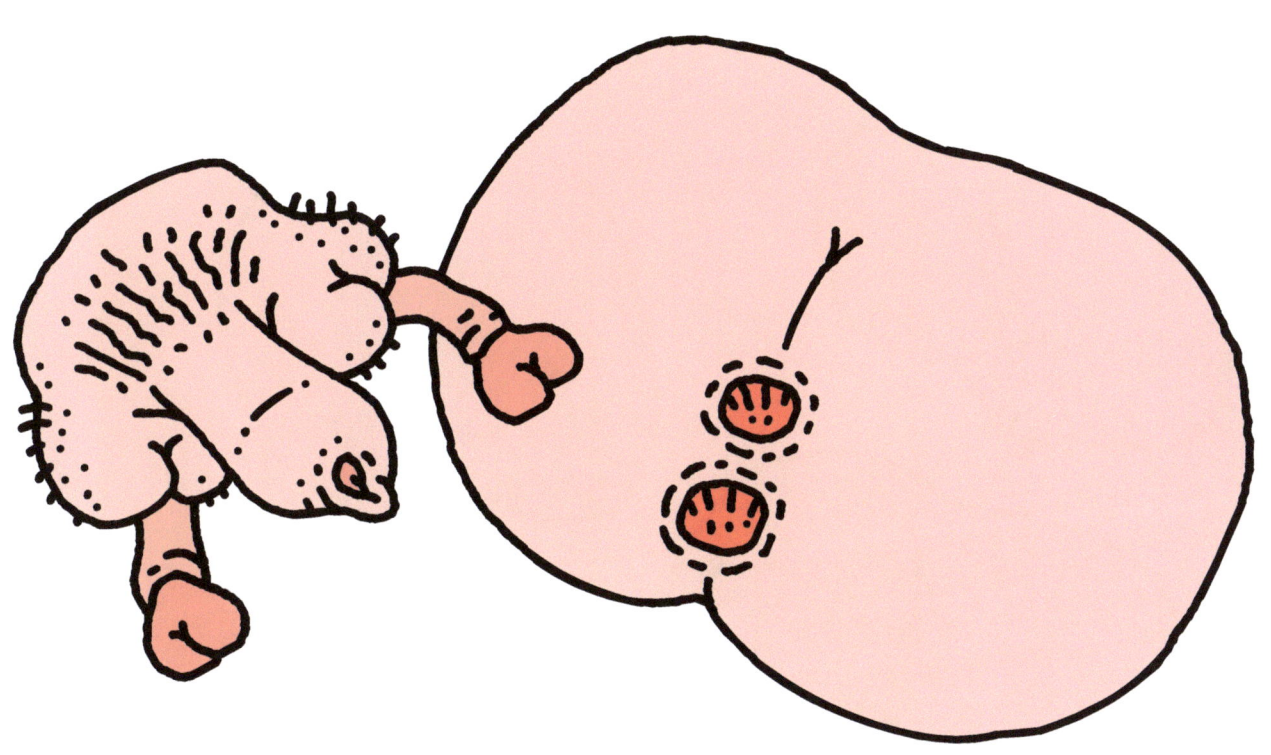

Pimmel Popo.

Pimmel Pimmel

Po Po.

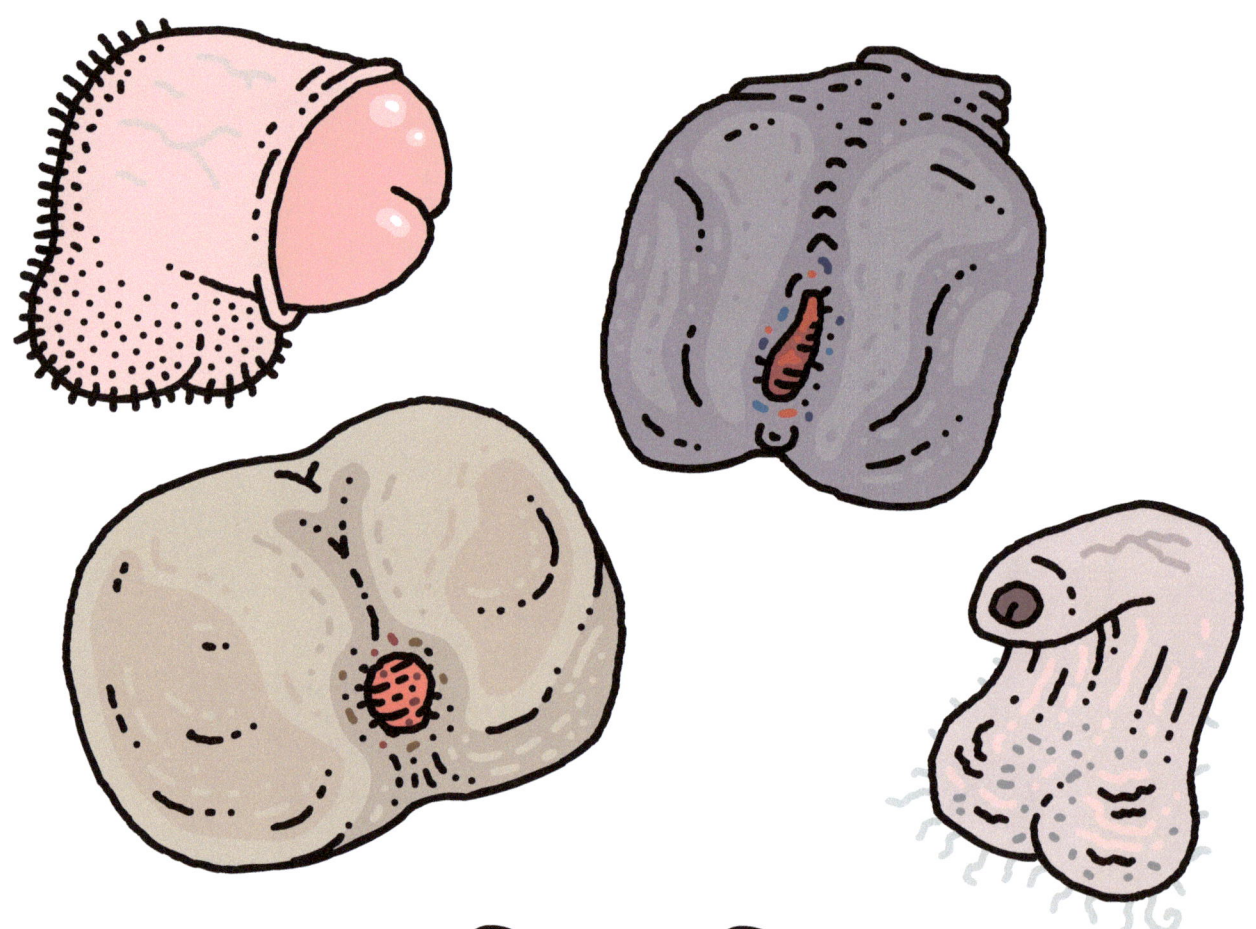

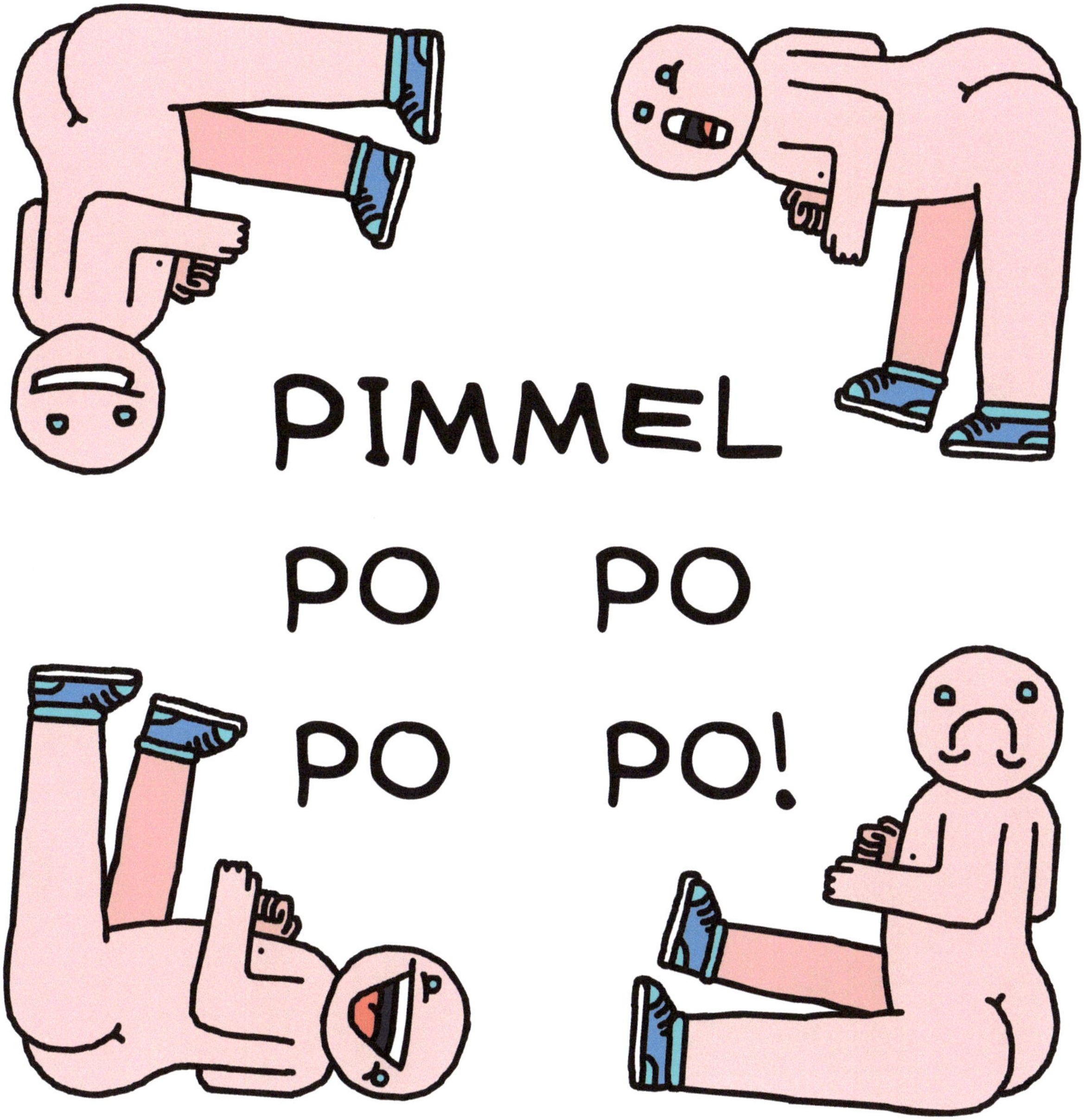
PIMMEL
PO PO
PO PO!

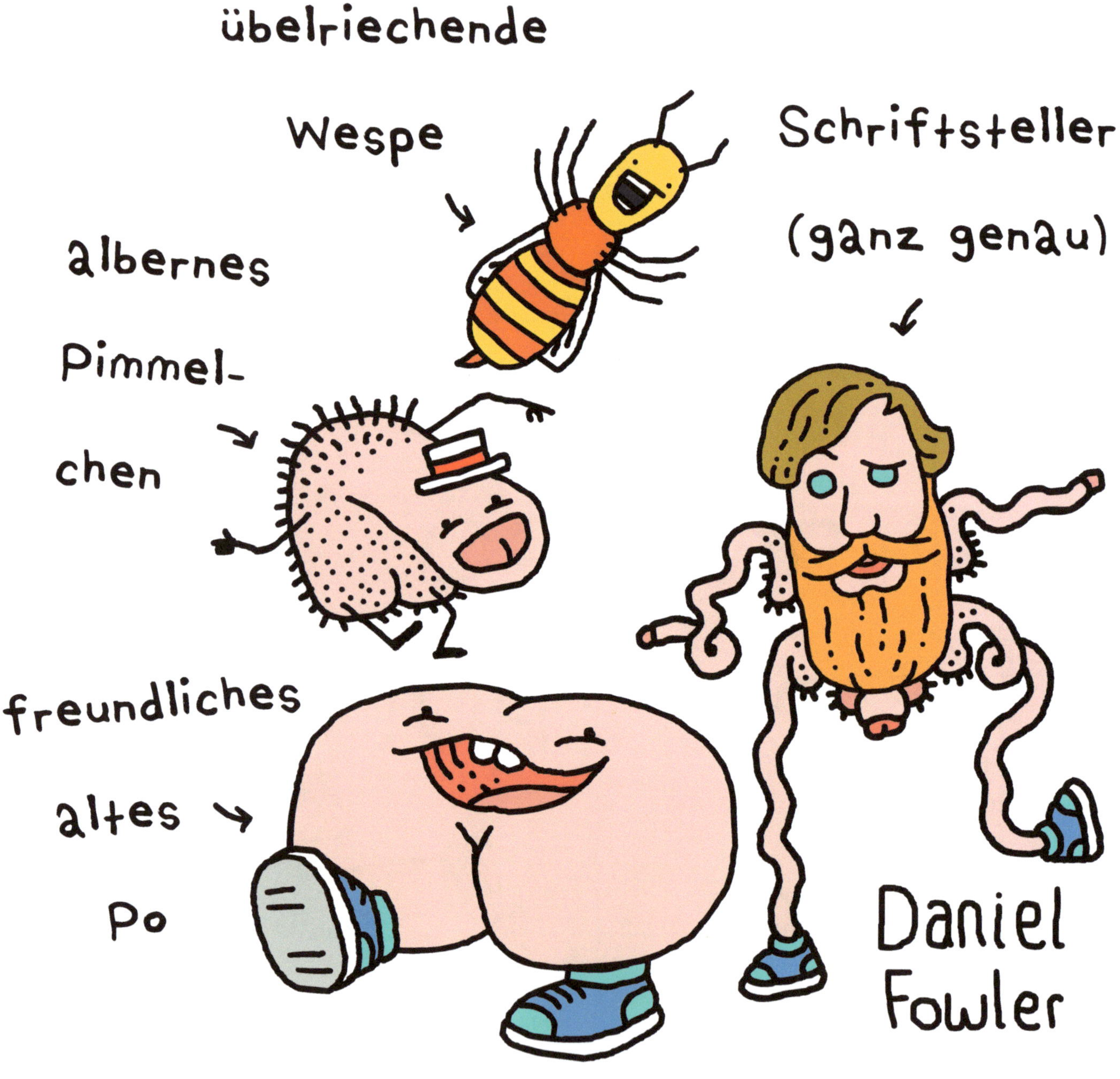
übelriechende
Wespe
Schriftsteller
(ganz genau)
albernes
Pimmel-
chen
freundliches
altes
Po
Daniel
Fowler

Pimmel Popo:
Die sehr unnötige Übersetzung

Eine bezaubernde Geschichte über anthropomorphe Körperteile. Wirklich ein zeitloser Klassiker.

www.blankspacep.com

Scannen Sie hier, um das Video zu gucken!

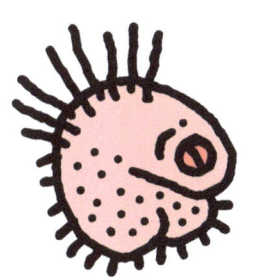

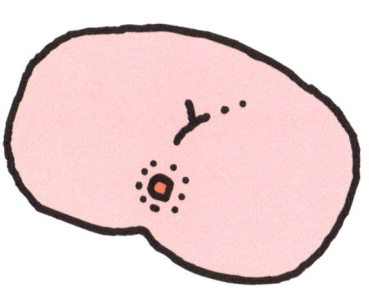

BlankSpace Publications ist ein unabhängiger Verlag in London, Ontario, Kanada. Besuchen Sie www.blankspacep.com, um unseren Katalog anzusehen. Die engagierten Redakteure bei BlankSpace danken Ihnen für Ihre Unterstützung von unabhängigen Veröffentlichungen.

Wir bedanken uns bei Patrick Casey und Jeff Lapalme für die Übersetzung dieser Geschichte.

www.ingramcontent.com/pod-product-compliance
Lightning Source LLC
Chambersburg PA
CBHW041945110426
42744CB00027B/17